Anekdoten von Nietzsche

Der ganze Mensch ist widerwärtig

Anekdoten von Friedrich Nietzsche

Gesammelt und herausgegeben
von Thomas Wieke

EULENSPIEGEL VERLAG

ISBN 978-3-359-00949-8

2. Auflage

Umschlaggestaltung: Matthias Gubig
Druck und Bindung: Salzland Druck, Staßfurt

Ein Verlagsverzeichnis schicken wir Ihnen gern:
Eulenspiegel · Das Neue Berlin Verlags-
gesellschaft mbH & Co. KG
Neue Grünstr. 18, 10179 Berlin
Tel. 01805/30 99 99
(0,14 Euro/min. aus dem deutschen Festnetz, abweichende Preise für Mobilfunkteilnehmer)

Die Bücher des Eulenspiegel Verlags
erscheinen in der Eulenspiegel Verlagsgruppe.

www.eulenspiegel-verlag.de

Eltern und Großeltern

Nietzsches Mutter, zu der er zeitlebens ein besonders enges, wenn auch widersprüchliches Verhältnis hatte, stammte aus einem mitteldeutschen Pastorenhaushalt. Sie wurde nicht nur ihrem 13 Jahre älteren Mann bereits 17jährig angetraut, sondern war von Hause aus auch nur mit der allernotwendigsten Bildung ausgestattet worden, mit der deutsche Pastorentöchter gefälligst das Leben an der Seite ihres Eheherrn zu meistern hatten. Nietzsches Großvater mütterlicherseits war das, was man unter einem Patriarchen versteht. Der Pfarrherr ging nicht, nein, er ritt zur Jagd – und hinter ihm der Reitknecht mit den Gewehren. Demut und Bescheidenheit schlugen aus dem geistlichen Bering nicht bis ins Weltliche durch. Vielleicht war ein Satz, den Nietzsche später schrieb, auf diesen Teil seiner Familienverhältnisse gemünzt: »Ein junger Fürst an der Spitze seiner Regimenter, prachtvoll als Ausdruck der Selbstsucht und Selbstüberhebung seines Volkes – aber *ohne* jede Scham, sich als Christ zu bekennen.«

Das Zusammenleben der Eltern, wo der hochgebildete Vater, den er früh verlor, die wesentlich jüngere, wenig gebildete Mutter beherrschte, ist wohl nicht immer harmonisch verlaufen. In *Menschliches, Allzumenschliches* jedenfalls lesen wir unter der Überschrift *Fortleben der Eltern*: »Die unaufgelösten Dissonanzen im Verhältnis von Charakter und Gesinnung der Eltern klingen in dem Wesen des Kindes fort und mache seine innere Leidensgeschichte aus.«

Unaussprechlich heiliges Werk

Ludwig Nietzsche, der fromme und königstreue Pfarrherr zu Röcken, war über die Geburt seines ersten Sohnes vor Glück ganz außer sich. Er gab ihm, da er am Geburtstag des Königs geboren worden, den Namen Friedrich Wilhelm. Seine Taufrede geriet ihm mehr als überschwenglich: »Du gesegneter Monat Oktober, in welchem mir in den verschiedenen Jahren alle die wichtigsten Ergebnisse meines Lebens geschehen sind, das, was ich heute erlebe, ist doch das Größte, das Herrlichste, mein Kindlein soll ich taufen! O seliger Augenblick, o köstliche Feier, o unaussprechlich heiliges Werk, sei mir gesegnet im Namen des Herrn! – Mit dem tiefbewegtesten Herzen spreche ich es aus: so bringt mir denn dies, mein liebes Kind, daß ich es dem Herrn weihe. Mein Sohn, Friedrich Wilhelm, so sollst du genennet werden auf Erden, zur Erinnerung an meinen königlichen Wohltäter, an dessen Geburtstag du geboren wurdest.«

Dieses Pathos schien den Predigten des Pfarrherrn sonst auch zu eigen, denn, wie ein sonst sehr positives Zeugnis des vorgesetzten Konsistorialrats aussagt, hatte er davon »etwas zu viel«.

Kein Grund zur Klage

Der Knabe Friedrich Nietzsche, behauptete zumindest seine Schwester, den Familienklatsch im Hause Nietzsche zusammenfassend, habe erst sehr spät, mit zweieinhalb Jahren, sprechen gelernt. Die Eltern machten sich Sorgen und konsultierten einen

Arzt, der aber alle Befürchtungen ob der vermeintlichen Zurückgebliebenheit zerstreute: Das Kind sei nur allzu sorglich und aufmerksam bedient, alle seine Wünsche würden auf seinen Wink erfüllt, wozu sollte er sich dann noch der Mühe des Sprechens unterziehen.

Daraufhin gab man sich Mühe, den Knaben durch gelegentliches Vorenthalten des Gewünschten zu sprachlichen Äußerungen zu veranlassen, was auch zur allgemeinen Zufriedenheit gelang.

Lama

Fritz gab seiner zwei Jahre jüngeren Schwester Elisabeth den Spitznamen Lama. Als Elisabeth Förster-Nietzsche sich Jahrzehnte später zur Biographin ihres Bruders aufgeschwungen hatte, behauptete sie, wie erfreut sie darüber gewesen wäre, weil ihre Eigenschaften angeblich so vollkommen der Beschreibung glichen, die ein Lexikon über das Lama gegeben hätte: »Das Lama ist ein merkwürdiges Tier, freiwillig trägt es die schwersten Lasten, wenn man es aber zwingen will oder übel behandelt, so verweigert es die Nahrung und legt sich in den Staub, um zu sterben.«

Elisabeth Förster-Nietzsche vergaß, den zweiten Satz des Lexikoneintrags zu zitieren: »Wenn ein Lama nicht weitergehen will, dreht es seinen Kopf um und spritzt dem Reiter seinen übelriechenden Speichel ins Gesicht.«

Klein-Lisbeth hatte nämlich die Angewohnheit,

Bruder Fritz von Zeit zu Zeit mit jähen Wutausbrüchen zu überraschen und mit Fäusten und Fingernägeln zu beharken. Wenn Fritz sich dann einfach von ihr abwandte, spuckte sie ihn an.

Und eben das löste die Spitznamengebung aus, wohl weniger die Tatsache, daß er in seiner Schwester die Geduld und Genügsamkeit eines Lasttiers fand.

Vom Tod geträumt

Der vierzehnjährige Friedrich Nietzsche berichtet in einer autobiographischen Skizze von einem Traum, den er im Alter von sechs Jahren, unmittelbar nach der Erkrankung seines jüngeren Bruders Joseph gehabt haben will. »Ich hörte in der Kirche Orgelton wie beim Begräbnis. Da ich sah, was die Ursache wäre, erhob sich plötzlich ein Grab, und mein Vater im Sterbekleid entsteigt demselben. Er eilt in die Kirche und kommt in kurzem mit einem kleinen Kinde im Arm wieder. Der Grabhügel öffnet sich, er steigt hinein, und die Decke sinkt wieder auf die Öffnung. Sogleich schweigt der rauschende Orgelschwall, und ich erwache.«

Am Tag nach diesem Traum verschlechtert sich der Zustand seines kleinen Bruders; Joseph bekommt Krämpfe und stirbt innerhalb weniger Stunden.

Ruhig und gesittet

Leidensgeschichte bedeutet bei Nietzsche immer auch: die Geschichte der Leiden, die er sich selbst zufügte. Wohlerzogenheit und gute Manieren galten viel in Nietzsches Elternhaus. Um seiner Mutter besonders zu gefallen, nahm er dergleichen furchtbar ernst.

Der kleine Fritz ging damals in Naumburg in die Knabenbürgerschule am Topfmarkt. Eines Tages goß es, gerade bei Schulschluß, in Strömen. Alle Knaben rannten, so schnell sie konnten, nach Hause. Nur Fritz nicht. Die Mutter beobachtete ihn, wie er die Priestergasse entlang, die Schiefertafel zum Schutz über seine Kappe gehalten, gemessenen Schrittes durch den Regen ging. Auch ihre wilden Gesten, er möge sich doch beeilen, ins Trockene zu kommen, beachtete er nicht. Als die Mutter ihm, der völlig durchnäßt heimkam, Vorhaltungen machen wollte, erwiderte Fritz ganz ernsthaft: »Aber Mama, in den Schulgesetzen steht, die Knaben sollen beim Verlassen der Schule nicht springen und laufen, sondern ruhig und gesittet nach Hause gehen.«

Gesittetes, Allzugesittetes

Die Einschulung in der Knabenbürgerschule war als soziales Experiment gedacht. Fritz sollte, so meinte sein Vormund, der Rechtsanwalt Otto Dächsel, den Umgang mit Knaben aus niederen Ständen lernen und soziales Verständnis erlangen. Das Experiment ist, soweit es Nietzsche betraf, gescheitert. Fritz Nietzsche stieß die anderen Schüler durch seine »würdigen, höflichen Formen« und seine »pastorale Ausdrucksweise« ab. Sie fanden ihn – im günstigsten Falle – komisch, wahrscheinlich aber einfach nur blöd. Selbst den Erwachsenen, die Fritz mit der ausdrucksvollen Darbietung geistlicher Gedichte zu Tränen rührte, war der »kleine Pastor« nicht geheuer. Er bewahrte stets – wie der Neunzehnjährige im Rückblick schreibt – »die Würde eines kleinen Stockphilisters«.

Deutsch mangelhaft

Nach einem Jahr in der Bürgerschule wechselte Nietzsche in das Privatinstitut des Kandidaten Weber, das allgemein als Vorschule für das Domgymnasium galt. Das Schwergewicht lag auf Religion sowie den Anfangsgründen von Griechisch und Latein. Sehr viel weniger Wert legte der Kandidat Weber auf den Deutschunterricht; noch am Gymnasium und selbst in Schulpforta waren Orthographie und Grammatik Nietzsches oft mangelhaft. Er schrieb zum Beispiel »Gedraite« statt »Getreide«, und die regelmäßige Verwechslung von »den« und »dem« deutete auf den sächsischen mundartlichen Boden hin, aus dem er gewachsen war.

Den Dialekt seiner Heimat legte Fritz Nietzsche sehr bald vollkommen ab, weil er ihn abscheulich fand. Er benutze ihn – im Gegensatz zu seinem späteren Idol Richard Wagner – nicht einmal im Scherz.

»Er sieht einen so an ...«

Auch auf dem Gymnasium galt Nietzsche wegen der steifen Würde, die er zur Schau trug, als Sonderling und Außenseiter. Ein Primaner, der die Schüler der unteren Jahrgänge zu beaufsichtigen hatte, bemerkte einmal, wie sich ein Mitschüler Nietzsches die Hand vor den Mund schlug und meinte: »Nein, das kann man vor Nietzsche nicht sagen.«

Der Primaner fragte: »Was tut er euch denn?«

»Ach, er sieht einen so an«, erwiderte der Kleine, »da bleibt einem das Wort im Munde stecken.«

Zu Tränen gerührt

Über die Musikalität des jungen Friedrich Nietzsche gibt uns seine Schwester ein allzu schmeichelhaftes Bild – vielleicht gerade weil sie um die Unrichtigkeit dieser Beteuerungen wußte.

Als Fritz Quintaner war, berichtet Elisabeth, wollte er sich nicht mehr mit der Darbietung sehr antiquiert wirkender Lieder und Duette aus der Großmutterzeit abfinden. Er beschloß, selber etwas zu komponieren – und tat es auch.

»Zu Weihnachten schenkte er Großmütterchen eine kleine, selbst komponierte Motette, die wir heimlich in der Kinderstube geübt hatten und nun sogleich am Weihnachtsabend vortrugen.«

Er nahm sich vor, etwas zu komponieren und tat es auch, ungetrübt von den geringen Möglichkeiten, die ihm zu Gebote standen. Dies ist allerdings ein Verhalten, das auch der erwachsene Nietzsche noch mehrfach an den Tag legen und mit dem er Musiker vom Fach zur Verzweiflung bringen würde.

Über das Ergebnis der kindlichen Komposition sind Zweifel durchaus zulässig. Elisabeth faßt die Wirkung des Werks mit dem mehrdeutigen Satz zusammen: »Worte und Musik rührten sämtliche Familienmitglieder zu Tränen.«

Komische Heroine

Fritz fühlte sich zum Erzieher seiner Schwester berufen. Wahrscheinlich empfand er nach dem frühen Tod seines Vaters, daß es nötig sei, zu dem Weiberregiment von Mutter und Großmutter einen männlichen Akzent zu setzen und die Vaterrolle vertretungsweise zu spielen.

Einmal hatte sich Elisabeth in den Kopf gesetzt, einen unsäglichen Monolog aus dem unsäglichen Trauerspiel *Zriny* von Theodor Körner zum Examen vorzutragen. Der Monolog beginnt mit den Worten: »Ich soll mich schonen? – soll den Funken Kraft, / der in den altern Heldengliedern schlummert, / im müß'gen Leben langsam sterben sehn?«

Fritz brach in schallendes Gelächter aus und redete seiner Schwester den Vortrag aus. Später noch soll er, wie seine Schwester freimütig berichtet, erzählt haben: »Meine Schwester hatte schon als kleines Kind den Zug zum Heroischen, aber manchmal machte sich das so komisch, sie sah so gar nicht danach aus.«

Kriegsspiele

Als der Krimkrieg auf dem Höhepunkt war, nahmen Nietzsche und seine Schulkameraden mit ihren Bleisoldaten leidenschaftlich Partei für die Russen. Sie stellten die Belagerung von Sewastopol mit dem Steinbaukasten nach und führten mit Papierschiffchen und Pechkugeln Seeschlachten auf.

»Alles, was wir nur über Kriegswissenschaften fanden«, schrieb Nietzsche später, »wurde vollkommen geplündert, so daß ich mir eine ziemliche Kenntnis darin erwarb. Sowohl Lexika als auch ganz neue militärische Bücher bereicherten unsere Sammlung, und schon wollten wir ein großes militärisches Wörterbuch gemeinsam schreiben.«

Dann aber fiel Sewastopol. Die kriegswissenschaftlich gebildeten Knaben waren sauer auf die Russen wegen deren schlechter Verteidigung des Malakoff-Turms, und das Interesse an den Sandkastenspielen erlosch schlagartig.

Ein emeritierter Kantor ohne Verdienste

Friedfertiger verlief die musikalische Ausbildung Nietzsches. Seine Mutter kaufte ein Klavier und nahm noch einmal Unterricht, um ihrem Herzensfritz die Anfangsgründe des Klavierspiels selbst beibringen zu können.

Später wunderte sich Nietzsche, daß seine musikalischen Neigungen diese ersten Jahre überlebt hatten, weil »die Anfänge des Unterrichts ganz danach angetan waren, sie in der Wurzel zu vernichten. Mein erster Lehrer war nämlich ein Kantor, behaftet mit allen liebenswürdigen Fehlern eines Kantors, und dazu eines emeritierten ohne besondere Verdienste.«

Immerhin besser vom Blatt

Nietzsche bekannte, er habe in dieser Zeit »einen unauslöschlichen Haß gegen alle moderne Musik und alles, was nicht klassisch war« empfunden. Seine musikalische Welt waren die Werke der Klassiker. »Mozart und Haydn, Schubert und Mendelssohn, Beethoven und Bach, das sind die Säulen, auf die sich nur deutsche Musik und ich gründete«, erklärte er voller Selbstüberschätzung. Der Haß auf die musikalische Moderne hielt allerdings nicht lange an, wie seine später einsetzende Begeisterung für Richard Wagner zeigt.

1854 lernte er den *Messias* von Händel in der Naumburger Stadtkirche kennen. Sofort faßte er den Entschluß, etwas Ähnliches zu komponieren. »Sogleich nach der Kirche ging ich auch ans Werk und freute mich kindlich über jeden neuen Akkord, den ich erklingen ließ. Indem ich aber davon jahrelang nicht abließ, gewann ich doch sehr dabei, indem ich durch die Erlernung des Tongefüges etwas besser vom Blatte spielen lernte.«

Nicht begabt genug?

Daß Friedrich Nietzsche sich selbst in seiner Jugend nicht für ein Original- und Kraftgenie hielt, sondern vielmehr sein Talent als eher durchschnittlich einschätzte, daß er andere, namentlich Mitschüler, überaus wertschätzte und von sich meinte, Mangel an Talent durch besonders fleißiges Arbeiten wettmachen zu müssen, bezeugt seine Schwester. Sie will von Fritz mehrfach die Einschätzung gehört haben: »Wenn ich so begabt wäre wie der und der, was würde ich daraus machen!«

Ein unglaubliches Getöse

Der Schulfreund Gustav Krug war begeisterter Wagnerianer und suchte Nietzsches Fritz für die Musik seines Idols einzunehmen.

Nietzsche schreibt später – im *Ecce homo*: »Von dem Augenblick an, wo es einen Klavierauszug des Tristan gab – mein Kompliment, Herr von Bülow! – war ich Wagnerianer.«

Der Erinnerung seiner Schwester zufolge dürfte sich das Verhältnis zu Wagner etwas mühsamer hergestellt haben.

Beide, Gustav Krug und Friedrich Nietzsche, gingen in den Herbstferien 1862 den Klavierauszug des *Tristan* durch, gezwungenermaßen bei Nietzsches, da Vater Krug der klassischen Musik huldigte und sich die Wagner-Orgien der enthusiasmierten Jünglinge wohl verbeten hätte.

Elisabeth Förster bezweifelte, ob sie alles recht

wohl verstanden hätten, denn »beide hatten die Oper noch nicht gehört und verstanden deshalb aus der Überfülle der Töne die Melodie noch nicht recht hervorzuheben. Die beiden machten ein unglaubliches Getöse, der Gesang ihrer kräftigen Stimmen erinnerte zuweilen an ein Geheul.«

Nichts ist unmöglich

Während der Schulzeit in Schulpforta hörten Fritz und seine Schulkameraden auch von dem römischen Bürger Mucius Scaevola, der sich einst, um den Etruskern, die Rom belagerten, seinen unbeugsamen Mut zu beweisen, seine rechte Hand im Altarfeuer verbrannte, woraufhin die Etrusker, von der Unmöglichkeit überzeugt, die Römer zu bezwingen, die Belagerung aufhoben.

Das könne nicht angehen, meinte einer von Fritzens Schulkameraden, es sei doch unmöglich, sich ruhig und ohne mit der Wimper zu zucken die Hand abzubrennen.

»Warum?« fragte Fritz, nahm ein Bündel Zündhölzer, zündete sie auf der flachen Hand an und streckte die Hand, ohne zu zucken oder zu zittern, gerade aus.

Eben noch rechtzeitig bemerkte der Obergeselle, der die Aufsicht über die jüngeren Schüler führte, die Heldenübung, sprang herzu und löschte das Feuer auf Fritzens Hand. Doch er hatte schon eine beachtliche Brandwunde davongetragen.

Die Scaevola-Exerzitien fanden später noch eine Fortsetzung mit brennendem Siegellack; davon behielt Nietzsche zeitlebens eine Narbe zurück.

Hampelmann

In Schulpforta interessierte sich Nietzsche kaum für die kleinen Interessen und groben Späße seiner Schulkameraden. Das übliche Schauturnen der Schüler bei lokalen Festen empfand er als »Tierquälerei«. Da er überdies gewohnt war, sich an strenge schulische Vorschriften zu halten und wiederholt Primus war, konnte es nicht ausbleiben, daß er als Streber gehänselt wurde. Sein mangelnder Korpsgeist wurde ihm als Charakterlosigkeit ausgelegt. Einmal brachte deshalb ein Mitschüler auf dem Musengang im Schulgarten einen Hampelmann an, der aus einer Fotografie Nietzsches gefertigt war.

Germania

In den Sommerferien unternahmen Nietzsche und sein Schulfreund Wilhelm Pinder eine Reise über Eisleben und Mansfeld in den Harz zu Nietzsches Onkel Edmund Oehler, der in der kleinen Gemeinde Gorenzen als Pfarrer tätig war. Bei dieser Gelegenheit beschlossen die Halbwüchsigen, einen Verein zum Zwecke des geistigen Austausches zu gründen. Da zu einem deutschen Verein nun aber mindestens drei Mitglieder gehören, setzten sie ihr Vorhaben erst nach der Rückkehr nach Naumburg mit ihrem Freund Gustav Krug in die Tat um. Sie nannten den geschlossenen Bund – wie sonst? – »Germania«. Jeder, der Mitglied werden sollte, mußte sich verpflichten, einmal im Monat ein Werk eigener Produktion – eine Abhandlung, eine Dichtung, ein Musikstück – einzusenden und von den anderen beurteilen zu lassen.

Drei Jahre hielten die Jungen an diesem Gebot fest, bis das herannahende Examen in Schulpforta andere Prioritäten setzte.

Unziemliche Scherze

Am Ende seiner Schulzeit in Schulpforta fing sich Nietzsche, der ansonsten streng auf die Einhaltung der Vorschriften sah, doch noch den Tadel seiner Lehrer ein.

Wie üblich hatte stets einer der neuen Primaner allwöchentlich die Schulinspektion zu versehen. Das heißt, er hatte festzustellen, was in den Stuben, Schränken, Auditorien und anderswo an Reparaturen nötig geworden war, und eine entsprechende Liste in der Inspektionsstube abzugeben.

Um dieses sterbenslangweilige Geschäft etwas heiterer zu gestalten, war es Nietzsche eingefallen, seine Bemerkungen in – gewiß auch schon damals harmlosen – Scherzen abzufassen. Und so lasen die Lehrer, die in einer so ernsthaften Angelegenheit durchaus keinen Humor dulden wollten: »Im Auditorium soundso brennen die Lampen so düster, daß die Schüler versucht sind, ihr eigenes Licht leuchten zu lassen«, oder: »In der Obersekunda sind kürzlich die Bänke gestrichen worden und zeigen eine unerwünschte Anhänglichkeit an die sie Besitzenden.«

Friedrich Nietzsche wurde umgehend vor die Synode geladen und mit drei Stunden Karzer abgestraft. Einige Spaziergänge außerhalb des Schulgeländes wurden gestrichen, und dem Schüler wurde unmißverständlich bedeutet, daß seine Rolle als Primus gefährdet sei.

Ersichtlich betrunken

Im Frühjahr 1863 nahm die Ausgelassenheit des Schülers Friedrich Nietzsche noch zu. Mit einem Mitschüler namens Richter wurde er – man denke nur! – beim Genusse des schändlichen Alkohols erwischt. Im Strafbuch von Schulpforta heißt es: »Nietzsche und Richter trinken am Sonntage auf dem Bahnhofe zu Kösen während einer Stunde je 4 Seidel Bier. Nietzsche war davon betrunken und noch ersichtlicher Richter.«

Peinlicherweise hatte ein Lehrer die torkelnden Jünglinge auf dem Heimweg angetroffen und Meldung gemacht. Nietzsche wurde der Rang des Klassenprimus aberkannt und zum Dritten seiner Ordnung erklärt. Außerdem wurde ihm eine Stunde seines Sonntagsspazierganges entzogen.

Von polnischem Adel?

Wie seine Jugendfreunde berichten, glaubte Nietzsche in seinem Familiennamen Slawisches entdeckt zu haben. Das stimmt insofern, als der Name

Nietzsche – neben Nickel und Klose – seit dem Mittelalter in Schlesien, und daher sicher auch slawisch beeinflußt, zu den beliebtesten Kurzformen von Nikolaus zählte.

Friedrich Nietzsche war diese Deutung natürlich nicht genug. Er mutmaßte wider besseres Wissen, von einem alten polnischen Adelsgeschlecht abzustammen und unterschrieb manchen Brief an seine Freunde – halb im Scherz, halb im Ernst – mit »Fr. v. Nietzky«.

Kein guter Rezitator

Paul Deussen erinnert sich, daß Nietzsche in der Zeit in Schulpforte, obwohl er »ein so feines und tiefes Verständnis für alle Poesie hatte, doch niemals ein guter Rezitator gewesen ist«. Selbst den kleinsten Text mit großem Pathos vorzutragen, war ihm offensichtlich nicht abzugewöhnen.

»Er ist daher auch zu unseren jährlichen Fastnachtsaufführungen«, wie Paul Deussen bezeugt, »wenig oder gar nicht herangezogen worden.«

Schwach in Mathe

Wie einmütig von allen Jugendfreunden aus der Pforta-Zeit berichtet wird, gehörte Mathematik nicht zu den starken Fächern Nietzsches. Der Mathematikprofessor Buchbinder beschwerte sich sogar »langatmig mit bitteren Worten« in der Lehrersynode über Nietzsches Gleichgültigkeit gegenüber der Mathematik, worauf der Rektor mit der sarkastischen Frage reagierte: »Wünschen Sie vielleicht, daß wir den begabtesten Schüler, den Pforta, so lange ich hier bin, gehabt hat, durchfallen lassen?«

Der Mathematiker stellte seine Beschwerden ein, angeblich auch, weil ihm, wie Elisabeth Förster kolportiert, »ein Murren der Entrüstung von seiten der anderen Lehrer und zwar der bedeutendsten« entgegenschlug. So konnte Nietzsche also auch ohne besondere Leistung in der Mathematik sein Abitur bauen und Mutter und Schwester am 4. September 1864 mit dem Ruf »Glücklich durch!« in die Arme schließen.

Ritter Gluck

Sein Studium begann Nietzsche 1864 in Bonn. Um nicht gleich wieder von vornherein als Außenseiter zu gelten, trat er der Burschenschaft »Franconia« bei. Er bemühte sich nach Kräften, bei allen studentischen Bräuchen mitzuhalten. Nach dem Zeugnis eines Bundesbruders war er jedoch »kein lustiger Student und hat niemals das Bedürfnis gezeigt, sich auszutoben«.

Um zur Stimmung unter den Franconen etwas beizutragen, erging er sich in musikalischen Parodien wie der Offenbachiade *Die Franconen im Himmel* und im Improvisieren und Phantasieren auf dem Klavier. Dafür zeichneten ihn seine Bundesbrüder mit Beachtung und mit dem Kneipnamen »Ritter Gluck« aus.

Tee und Zuckerwerk

Von Nietzsches erotischem Lieben und Treiben ist, was seine Bonner Zeit betraf, nichts bekannt. Auch seine Kommilitonen haben nichts derartiges bemerkt, zumal sich Nietzsche von den Besäufnissen und korporativen Bordell-Touren nach Köln offenbar fernhielt. So kam es, daß sie annahmen, er sei ein besonders Heimlicher, und ihm den Vers zudichteten:

Tragödie und Romanzen,
dran er sich sehr ergötzt,
hat Gluck viel komponieret
und in Musik gesetzt.
Kommt abends er nach Hause,
küßt ihn ein roter Mund;
von lauter Tee und Zuckerwerk
kommt er noch auf den Hund.

Tee und Süßkram waren ihm schon jetzt lieber als Bier und Weinbrand – eine Neigung, die sich späterhin noch verstärkte.

Ernste Konsequenz

David Friedrich Strauß hatte 1864 sein religionskritisches Hauptwerk *Das Leben Jesu* zu einer Volksausgabe umgearbeitet. In dieser Fassung lernten es auch Friedrich Nietzsche und Paul Deussen kennen. Beide lasen das Buch mit Begeisterung. Deussen äußerte auch ebenso begeistert seine Zustimmung. Nietzsche war etwas vorsichtiger. »Die Sache hat eine ernste Konsequenz«, meinte er. »Wenn du Christus aufgibst, wirst du auch Gott aufgeben müssen.«

Bitte höflichst zum Duell

Als Student und Mitglied der Verbindung »Franconia« besuchte Nietzsche auch eifrig den Paukboden und übte sich im Fechten. Nur mit einem halbwegs ernsthaften Duell, das er zu seiner burschenschaftlichen Anerkennung aber unbedingt brauchte, schien es zu hapern.

Schließlich gelang es ihm dennoch, eine Duellforderung von einem »Alemannen« – also von einer konkurrierenden Verbindung – zu erhalten, und er erzählte seinem Freund Deussen, wie es dazu gekommen war: »Ich ging gestern nach dem Kneipabend auf dem Markte spazieren. Ein Alemanne gesellte sich zu mir; wir hatten ein sehr animiertes Gespräch über allerlei Gegenstände der Kunst und Literatur, und beim Abschied bat ich ihn dann aufs höflichst, doch mit mir ›hängen‹ zu wollen. Er sagte zu, und nächstens werden wir miteinander losgehen.«

Nasenstüber

Nietzsches Freund Paul Deussen war in größter Sorge, wie Nietzsche das angekündigte Duell, »ein seinen Anlagen so wenig angemessenes Abenteuer« bestehen würde. Das Abenteuer hielt auch nicht lange an, und der Alemanne verpaßte dem kurzsichtigen und schon etwas korpulenten Franconen eine rücksichtsvolle Tiefquart über den Nasenrücken, etwa an der Stelle, wo »ein zu stark drückender Kneifer einen roten Eindruck zu hinterlassen pflegt«.

Nietzsche wurde mit verbundener Nase ins Bett

gesteckt und war nach zwei bis drei Tagen wiederhergestellt, »bis auf eine kleine Narbe quer über den Nasenrücken«, wie Deussen anmerkt, »die er zeitlebens behalten hat und die ihm nicht übel stand«.

Erlebnis in Köln

Im Februar 1865 fuhr Friedrich Nietzsche allein nach Köln, um die Sehenswürdigkeiten der Domstadt in Augenschein zu nehmen. Nachdem er sich Dom und Gürzenich angeschaut hatte, forderte er den Dienstmann, der ihn durch die Stadt führte, zuletzt auf, ihn zu einem Restaurant zu bringen.

Der Dienstmann taxierte Nietzsche richtig als Studenten und brachte ihn, wohin er auch sonst alle Studenten brachte: in ein sogenanntes »übelbeleumdetes« Haus.

»Dort sah ich mich«, erzählte Nietzsche anderntags, »plötzlich umgeben von einem halben Dutzend Erscheinungen in Flitter und Gaze, welche mich erwartungsvoll ansahen. Sprachlos stand ich eine Weile. Dann ging ich instinktmäßig auf ein Klavier als auf das einzige seelenhafte Wesen in der Gesellschaft los und schlug einige Akkorde an. Sie lösten meine Erstarrung, und ich gewann das Freie.«

... als philologischer Löwe

Als Nietzsche im Herbst 1865 seinem Lehrer Ritschl nach Leipzig folgte, forderte er auch Deussen auf, ihn nach Leipzig zu begleiten.

Deussen indes, beeinflußt durch seinen Bruder und genervt von der sich »in Varianten, Korrupteln[1] und Konjekturen[2]« ergehenden Philologie, hatte sich entschlossen, 1866 nach Tübingen zu gehen und Theologie zu studieren – ein Fach, das ihm bei näherem Hinsehen bereits nach einem Semester verleidet war. Nietzsche beschwor Deussen eindringlich, sein »theologisches Bärenfell« abzustreifen und sich »als junger philologischer Löwe« zu gebärden.

Preußen in Brand

Im Juni 1866 brach der Krieg zwischen Preußen und Österreich, auf dessen Seite die meisten deutschen Bundesstaaten standen, aus. Hannover, Kurhessen und Sachsen wurden umgehend von Preußen besetzt – so auch Leipzig, wo Nietzsche seit 1865 studierte.

Friedrich Nietzsche gebärdete sich als Erzpreuße. »Unsere Lage ist sehr einfach«, bekannte er. »Wenn ein Haus brennt, fragt man nicht zuerst, wer den Brand verschuldet hat, sondern löscht. Preußen steht in Brand. Jetzt gilt es zu retten.«

»Die Musik war aber fürchterlich!«

Im Spätsommer 1867 – Nietzsche studierte inzwischen in Leipzig – unternahm er mit seinem Freund und Kommilitonen Erwin Rohde eine Reise durch den Böhmerwald. Rohde war ebenso wie Nietzsche zu dieser Zeit für Schopenhauer entflammt. Zum Abschluß der Tour besuchten sie Meiningen. Dort wurde nämlich, wie Nietzsche mitteilte, »ein großes viertägiges Musikfest von den Zukünftlern veranstaltet, die hier ihre seltsamen musikalischen Orgien feierten«. In Anspielung auf Wagners programmatische Schrift *Das Kunstwerk der Zukunft* nannte man die neue Richtung in der Musik verächtlich »Zukunftsmusik«. »Abbate Liszt präsidierte«, schilderte Nietzsche die Vorgänge. »Diese Schule hat sich jetzt mit Leidenschaft auf Schopenhauer geworfen. Eine symphonische Dichtung von Hans von Bülow ›Nirwana‹ enthielt als Programm eine Zusammenstellung Schopenhauerscher Sätze; die Musik war aber fürchterlich.«

Gewißheit ist schrecklich

Im Laufe des Jahres 1867 machte sich Nietzsche wiederholt Gedanken über seine Zukunft. Sein philologischer Eifer an der Leipziger Universität war vorbildlich. Zugleich spielte er mit dem Gedanken, im Wintersemester nach Berlin zu gehen und seinen Militärdienst als Einjährig-Freiwilliger abzuleisten.

»Meine Aussichten für die Zukunft sind unbestimmt, somit ziemlich günstig. Denn nur die Gewißheit ist schrecklich.«

Wer zu spät kommt ...

Nietzsches unbestimmtes Vorhaben, in Berlin zu dienen, zerschlug sich Anfang Oktober 1867. Er nahm erst noch an einer dreitägigen Versammlung Deutscher Philologen und Schulmänner in Halle teil.

Und als er sich schließlich in Berlin meldete, wurde ihm zur »schrecklichen Gewißheit«, daß die dortigen Garderegimenter keine Einjährig-Freiwilligen mehr annahmen. So mußte er in Naumburg bei der 1. Batterie der Reitenden Abteilung des Feld-Artillerie-Regiments Nr. 4 eintreten, um »die hiesigen Kanonen zu umarmen – mit mehr Ingrimm als Zärtlichkeit«, wie er an einen Freund schrieb.

Selbst Nietzsche hat's begriffen

Beim Militär kamen die Akademiker, die als Einjährig-Freiwillige die Laufbahn des Reserveoffiziers einschlugen, mit dem »gemeinen Volk« zusammen. Beide wurden von den gleichen Unteroffizieren gedrillt und kommandiert.

Einmal bekam Nietzsche von einem dieser Unteroffiziere ein mehr als zweideutiges Lob zu hören. Als ein Kanonier irgendeinen Griff wiederholt verpatzte, schnauzte ihn der Unteroffizier an: »Schulze, Sie sind einfach zu dumm! Selbst der Freiwillige Nietzsche hat das begriffen ...«

Fabrikarbeiter im Dienste der Wissenschaft

Im Winter 1867/68 beschäftigte sich Nietzsche mit den Vorarbeiten zu einer Festschrift, mit der die Leipziger Philologen ihren verehrten Professor Ritschl ehren wollten. Die meisten Mitarbeiter versagten, indem sie schlicht ihre Beiträge nicht fertig bekamen – so wurde das ganze Projekt schließlich fallengelassen.

Nietzsche aber hatte fortan zu dem Berufsstand, dem er sich selbst zugehörig fühlte, ein ambivalentes Verhältnis: »Die meisten Philologen sind Fabrikarbeiter im Dienste der Wissenschaft. Die Neigung erstirbt, ein größeres Ganzes zu umfassen oder weitere Gesichtspunkte in die Welt zu setzen. Dagegen arbeiten die meisten mit emsiger Beharrlichkeit an einer kleinen Schraube.«

Protegé

Nietzsche wurde im Frühjahr 1869 zum Professor für klassische Philologie in Basel berufen, ohne habilitiert zu sein, ohne ordentliches Promotionsverfahren, ja nicht einmal mit einer abgeschlossenen Dissertationsschrift in der Tasche.

Sein Leipziger Lehrer Friedrich Wilhelm Ritschl hatte ihn auf geradezu unverschämte Weise protegiert. Bei der Philosophischen Fakultät setzte er durch, daß Nietzsches bislang veröffentlichte Arbeiten – die Abschlußarbeit von Schulpforta und die Leipziger Preisaufgabe, die der Professor ganz auf die Vorarbeiten seines Schützlings zugeschnitten hatte – als ausreichender Ersatz für die fehlende Dissertation angesehen wurden. Auch die mündliche Prüfung wendete Ritschl von seinem Protegé ab: Nietzsche sei bereits nach Basel berufen worden, argumentierte er in der Fakultätssitzung, und man könne schließlich nicht einen Kollegen examinieren.

Ein vortrefflicher Gymnasiallehrer

Der Baseler Ratsherr Wilhelm Vischer hatte vor Nietzsches Berufung bei Ritschl in Leipzig anfragen lassen, ob Nietzsche wohl bereit wäre, über die Lehre an der Universität hinaus auch am Pädagogium[3] sechs Stunden Griechisch zu unterrichten.

Ritschl hatte sich mit Nietzsche streng vertraulich ins Benehmen gesetzt und teilte Vischer mit: »Er ist also sehr bereit, mit voller Hingebung die sechs Stunden an Ihrem Pädagogium zu geben.« Ritschl schließt mit der Prognose: »Irre ich mich nicht, so wird er auch ein vortrefflicher Gymnasiallehrer sein.«

3000 Franken

Friedrich Nietzsche wählte im Februar 1869 eine vielleicht nicht sehr originelle, aber für sein Naturell auch nicht untypische Art, um seiner Mutter die Berufung nach Basel mitzuteilen. Er meldete sich bei ihr mit einer Visitenkarte an, auf der stand:

Friedrich Nietzsche
Professor der klassischen Philologie an der Universität Basel (Gehalt 3000 Francs)

Noch ein Professor

Die Nachricht von Nietzsches früher Berufung nach Basel löste nicht nur bei Schwester und Mutter Begeisterung aus, auch die Freunde und Bekannten, ja auch die Zeitungen und Journale drückten ihre Bewunderung – oder war es eher Verwunderung? – über die Berufung des Vierundzwanzigjährigen aus.

Nietzsche, dem es schließlich zu viel wurde, reagierte ärgerlich: »Was ist denn eigentlich Großes geschehen? Es ist ein Professor mehr auf der Welt, das ist das Ganze.«

Für ältere Herren

Der 24jährige Nietzsche zog sich die neue Würde der Professur an wie einen zu großen Anzug. In der Tat hatte er sich, bevor er aus Naumburg abreiste, neu eingekleidet, wie es sich – nach seiner Überzeugung – für einen Baseler Professor gehörte. Seine Schwester berichtet: »Allerdings war er bei der Wahl seiner neuen Anzüge eifrig darauf bedacht gewesen, Sachen zu wählen, die ihm ein älteres Aussehen gaben: Ein jugendlich flotter Schnitt wurde durchaus verachtet, nur solche Stoffe, Kleiderschnitte und Hüte, wie sie ältere Herren bevorzugen, erregten seinen Beifall. Diese für 24 Jahr vielleicht allzu würdige Kleidung stand ihm aber vortrefflich und war gewiß auch dem Basler Geschmack gut angepaßt.«

Possierliches Äußeres

Nietzsche hielt, jedenfalls zu Anfang seiner Laufbahn in Basel, viel auf sein Äußeres. Er gab eine Erscheinung ab, die ihn in Basel schnell bekannt machte, denn er war neben einem alten badischen Staatsrat der einzige, der einen grauen Zylinder trug.

Auch die Sommergäste, die ihn im Maderanertal trafen, fanden ihn recht possierlich, wie er in seinen feinen Zeugstiefelchen, immer den Spazierstock tastend vor sich setzend, durch das Hochgebirge wanderte. Wer ihn nicht kannte, hätte ihn leicht für einen Sonderling oder Stutzer halten können.

Seltener Vogel

Nietzsche führte sich in Basel mit einer Antrittsrede zum Thema *Die Persönlichkeit Homers* ein. Die Aula war gefüllt, doch einige der »Stockphilologen«, wie Elisabeth Förster sie später nannte, hatten dunkle Vorahnungen.

»Da haben wir uns ja einen seltenen Vogel eingefangen«, meinte ein Angehöriger des Kleinen Rats zum Ratsherrn Vischer.

Nietzsche war in seinem Fachgebiet nicht ausgewiesen. Um so wichtiger erschien es ihm, sich mit einem großen Werk Gehör zu verschaffen.

1872 erschien *Die Geburt der Tragödie aus dem Geiste der Musik*. Die Vorahnungen der »Stockphilologen« hatten sich bestätigt.

Goethes Briefe originaliter

In Basel lebte damals ein hochbetagtes Fräulein Kestner, die Tochter der Charlotte Kestner, die Goethe als literarisches Vorbild für Werthers Lotte gedient hatte. Bedeutende Persönlichkeiten Europas ließen es sich nicht nehmen, einen Abstecher bei ihr zu machen, um einen Zipfel Goethe zu erhaschen. Sie konnte es jedoch bis zum Ende ihrer Tage – sie wurde

94 Jahre alt – Goethe nicht verzeihen, daß er ihre Mutter in so unzarter Weise in die Öffentlichkeit gezogen habe.

Auch Nietzsche wurde zu Fräulein Kestner eingeladen und durfte sich mit diversen Goethe-Devotionalien vertraut machen. Offenbar machte er auf die alte Dame einen so guten Eindruck, daß er am 2. August 1872 seinem Freund Gersdorff berichten konnte: »Von Fräulein Kestner (der Tochter Lottes) habe ich Goethesche Briefe (originaliter) geschenkt bekommen.«

Freundschaft gekündigt

Nach Nietzsches unerwartet früher Berufung nach Basel konnte sein Jugendfreund Deussen, der sich gerade als Gymnasiallehrer abstrampelte, bei aller Anerkennung einen Unterton des Neids gegen diese – wie er meinte ungerechte Bevorzugung – nicht versagen.

Nietzsche brach daraufhin die Beziehungen – verärgert über das Räsonnement Deussens, das ihm »unendlich unbedeutend und trivial« erschien – vorübergehend ab.

Auf eine Visitenkarte schrieb er schroff: »Werter Freund, wenn nicht etwa zufällige Störungen des Kopfes Deinen letzten Brief verschuldet haben, so muß ich bitten, unsere Beziehungen hiermit als abgeschlossen zu betrachten.«

Schon gelesen?

Als Professor in Basel lehrte Nietzsche nicht nur an der Universität, sondern auch am Pädagogium. Dort pflegte er zuweilen eine ziemlich unakademische Lehrmethode im Umgang mit seinen Schülern. So hatte er einmal vor den Sommerferien den Schülern aufgegeben, in der *Ilias* des Homer die Beschreibung vom Schild des Achilles zu lesen. Er empfahl es zur freiwilligen Lektüre und machte es den Schülern nicht zur Pflicht.

Nach den Ferien fragte er aufs Geratewohl den ersten Besten: »Haben Sie die Stelle durchgelesen?« Der Betreffende sagte ja, obwohl dies nicht der Wahrheit entsprach.

»Gut! Dann beschreiben Sie uns den Schild des Achilles!«

Der in diese Peinlichkeit versetzte Schüler schwieg und bekam einen roten Kopf. Nietzsche ließ das Schweigen zehn Minuten andauern, etwa so lange, wie man gebraucht hätte, um den Gegenstand in Grundrissen abzuhandeln, und schritt während dieser Zeit, scheinbar aufmerksam zuhörend, hin und wieder kopfnickend oder mit mißbilligendem Stirnrunzeln die nicht gemachten Ausführungen verfolgend, langsam auf und nieder, um schließlich den Vorgang, ohne noch ein Wort darüber zu verlieren, abzuschließen: »So, nun hat uns N.N. den Schild des Achilles erklärt, jetzt gehen wir weiter.«

Unbedingt?

Nietzsche hatte den Schülern am Pädagogium aufgegeben, über die Ferien einen griechischen Schriftsteller ihrer eigenen Wahl zu lesen.

Nach den Ferien befragte Nietzsche alle Schüler, auf wen ihre Wahl gefallen wäre. Ein als besonders faul geltender Schüler, von dem er annehmen konnte, daß er gar nichts gelesen habe, zählte eine ganze Reihe von Autoren auf, die er kaum vom Namen her kannte.

Nietzsche merkte wohl, was hier gespielt wurde. Wie stets in seinem Umgang weit davon entfernt, heftig zu werden, drehte er sich langsam zu dem Schüler um, blitzte ihn durch seine dicken Brillengläser an und fragte mit gedämpfter Stimme und doch gleichsam vernichtend: »Darf ich wohl Ihren Angaben unbedingt Glauben schenken?«

Nach Pförtner Sitte

Über seine Lehrtätigkeit in Basel berichtete Nietzsche im Sommer 1869 seinem Freund Deussen: »Am Pädagogium lese ich Platons *Phaidon* und lasse fleißig nach Pförtner Sitte Dokimastika[4] schreiben. Schließlich kann ich doch noch einen leidlichen Schulmeister vorstellen. Wer hätte das gedacht?«

Andere Lesart

Wenn Nietzsche mit seinen Schülern die griechischen Klassiker durchging, gestattete er durchaus den Gebrauch deutscher Übersetzungen. Er wollte nur, daß möglichst viele griechische Autoren gelesen würden.

Als aber einmal ein Schüler gar zu ungeniert unter seinem Pult aus der Übersetzung ablas, bemerkte Nietzsche: »Wie sonderbar. Sie haben offensichtlich in Ihrem Buch eine ganz andere Lesart.«

Schwierige Stelle

Nietzsche gab einem Schüler eine selbst unter Philologen als schwierig geltende Stelle aus dem Thukydides zur Übersetzung auf. Der Schüler kam nur recht stockend voran.

»Haben Sie das schon einmal gelesen?« fragte Nietzsche.

»Nein, Herr Professor.«

»Finden Sie Schwierigkeiten darin?«

»Ja, Herr Professor.«

»Darin haben andere Leute auch schon Schwierigkeiten gefunden«, erklärte Nietzsche und ging die Stelle mit den Schülern gemeinsam durch.

Blaue Tragödie

Nietzsche hatte zuweilen eine ungewöhnliche, damals gewiß als unschulmeisterlich geltende Art, die Werke der griechischen Klassiker zu charakterisieren. Bei der Behandlung der *Antigone* von Sophokles verkündete er plötzlich: »Diese Tragödie möchte ich blau nennen.«

Das imponierte seinen Schülern ungeheuer.

Überzogen

Bei aller Zurückhaltung, ja Schüchternheit, die Nietzsche als Lehrer an den Tag legte, konnte es doch passieren, daß es ihn in seiner Rede gewaltig fortriß, sobald er über einen Gegenstand sprach, der ihn selbst sehr ergriff.

Einmal ließ er in der Nachmittagsstunde im Pädagogium – zwischen drei und vier – Sophokles übersetzen und geriet dabei in einen begeisterten Vortrag über die griechische Tragödie. Er hatte schon fast zwanzig Minuten überzogen, ohne es zu merken; in seiner Griechisch-Klasse saßen alle mucksmäuschenstill und wagten nicht, ihren Professor zu unterbrechen. Erst als ein anderer Schüler, der um vier Uhr im gleichen Raum zum Musikunterricht bestellt war, mehrmals irritiert auf die Uhr schaute, wurde Nietzsche aufmerksam, schaute selbst auf die Uhr und entfernte sich, unter lebhaft gestammelten Entschuldigungen, aus dem Klassenraum.

Kurze Unterbrechung

Ein andermal rief er kurz vor dem Ende der Unterrichtsstunde den Schüler Eduard Schuster auf, der – wie man damals zu sagen pflegte – schlecht präpariert war. Um seine Unkenntnis zu verschleiern, las er lang und breit erst einmal das griechische Original vor, das ihm zu übersetzen aufgegeben war, hoffend, die Stunde würde unterdes zu Ende gehen. Der Schüler las und las mit wachsender Verzweiflung, wurde dann aber von Nietzsches lispelndem »So, übersetzen Sie!« unterbrochen. In der Tat ertönte mitten in diese Exerzitien hinein das Vieruhrschlagen vom Münsterturm.

Nietzsche rührte sich nicht und sah ihn starr an.

»Herr Professor haben vielleicht das Läuten übersehen?« brachte der Schüler stammelnd hervor.

»Ich denke wohl: überhört«, korrigierte ihn Nietzsche, schlug das Buch zu und verließ das Klassenzimmer. Am Anfang der folgenden Griechischstunde begann er den Unterricht, indem er sich ohne Umschweife an denselben Schüler wandte: »Schuster, wollen Sie jetzt übersetzen?«

Falsche Wahl

Am Pädagogium zu Basel verblüffte Nietzsche seine Schüler, indem er vor die Klasse trat und fragte: »Was ist ein Philosoph?«

Die Schüler erstarrten in verständnislosem Schweigen. Schließlich bemerkte einer schüchtern, um das Schweigen nicht andauern zu lassen, er habe jüngst etwas von Ludwig Feuerbach gelesen.

»Nun, das ist löblich«, erwiderte Nietzsche freundlich, »aber Sie hätten eine bessere Wahl treffen können.«

Sehr gewählt

Nicht nur in Kleidung und Habitus versuchte Nietzsche, sein jugendliches Alter zu kaschieren – er war schließlich kaum älter als die Studenten, die vor ihm saßen –, auch in seiner Umgangssprache drückte er sich mitunter ausgesprochen gewählt aus.

So hörten die Schüler des Pädagogiums in den Wintermonaten nicht, wie von anderen Lehrern, die Aufforderung »Zünden Sie das Gas an«, wenn in den Nachmittagsstunden die Lichtverhältnisse schlecht wurden. Wenn Nietzsche Nachmittagsstunden gab, begann er den Unterricht mit der Aufforderung: »Lassen Sie das Licht eintreten!«

Akademischer Lärmschutz

Nietzsche kümmerte sich in Basel nicht nur um die philologischen Belange, sondern auch um Kleinigkeiten im Studienalltag.

So hatten drei Klassenräume des Pädagogiums ihre Fensterfronten zum sehr belebten Münsterplatz, und die Belebtheit störte den konzentrierten Unterricht nicht wenig.

Nietzsches Beschwerde gegen den Straßenlärm hatte Erfolg. Das Protokoll der Lehrerkonferenz weist aus: »Auf Anregen des Herrn Professor Nietzsche wird beschlossen, die löbliche Kuratel[5] zu ersuchen, die geeigneten Schritte zu tun, damit dem störenden Wagengerassel auf dem Münsterplatz durch Makadamisierung[6] und obligatorisches Schrittfahren möchte abgeholfen werden.«

Da sich auch Jacob Burckhardt über den Straßenlärm beschwerte, wurde bald darauf eine Asphaltfahrbahn über den Münsterplatz gezogen.

Gast im eigenen Haus

Der Professor hatte seine Studenten zu sich eingeladen. Dem Primus hatte er sogar den Schlüssel zum Weinkeller übergeben und durfte feststellen, daß sich die Studiosi zu vorgerückter Stunde recht unbefangen benahmen. Schließlich sah sich Nietzsche veranlaßt, höflich darum zu bitten: »Behandeln Sie mich nur nicht allzu sehr als Gast!«

Keine Streiche

Nietzsches Schüler am Pädagogium benahmen sich gesetzt und würdevoll – wie der junger Professor, der vor ihnen stand. Nie hat man davon gehört, daß sie in seinen Stunden die üblichen Schülerstreiche unternommen hätten. Einer seiner Schüler wurde gefragt, warum dies nicht geschähe. Er antwortete: »Er würde uns einfach verachten.«

Disziplin? Kein Problem

Mit den Schülern des Pädagogiums, die ja noch im Gymnasialalter waren, ging Nietzsche um wie mit Erwachsenen. Am Ende seiner Lehrerzeit konnte er sagen: »In den sieben Jahren, wo ich an der obersten Klasse des Basler Pädagogiums Griechisch lehrte, habe ich keinen Anlaß gehabt, eine Strafe zu verhängen; die Faulsten waren bei mir fleißig.«

Als ihn einmal ein Kollege fragte, ob er in seiner Klasse niemals Disziplinprobleme hätte, antwortete Nietzsche: »Disziplin? Davon weiß ich nichts! Ich habe die Schwachen zu fördern und zu schützen.«

Schlummernde Gabe

Viele Jahre später erinnerte sich ein emeritierter Pfarrer an den Griechisch-Unterricht am Baseler Pädagogium. Er sei damals ein scheuer, schüchterner, wohl sogar geistig träger Junge gewesen, erzählte der alte Pfarrherr, jedes Selbstbewußtsein habe ihm gefehlt, es je mit den tüchtigen Schülern aufnehmen zu können. Als aber Nietzsche eines Tages den Prozeß des Sokrates und die Verteidigungsrede des Philosophen vor seinen Richtern lebhaft geschildert und dann die Schüler aufgefordert habe, die Rede des Sokrates zu wiederholen, habe er sich, vom Professor Nietzsche ermuntert, ein Herz gefaßt und es versucht, und der Versuch sei zur Zufriedenheit ausgefallen. »An jenem Tage«, bekannte der Emeritus, »fand ich mich selbst; meine Verzagtheit wich, und das verdanke ich meinem verehrten Lehrer Nietzsche, der mich scheuen Jungen zum Auftreten brachte und die schlummernde Gabe zu wecken verstand.«

Größenwahn

Sein Erstlingswerk, *Die Geburt der Tragödie aus dem Geiste der Musik*, schickte Nietzsche auch an seinen einstigen Lehrer Ritschl in Leipzig. Der Altphilologe nannte, was er da las, eine »geistreiche Schwiemelei« und schrieb Nietzsche, lauwarm, höflich, aber ablehnend.

Für Nietzsche war die Ablehnung seines Lehrers eine Enttäuschung. Er schrieb ihm 1872 zurück: »Ich dachte, wenn Ihnen irgend etwas Hoffnungsvolles in

Ihrem Leben begegnet sei, so möchte es dieses Buch sein, hoffnungsvoll für unsere Altertumswissenschaft, hoffnungsvoll für das deutsche Wesen.«

Man sieht, Bescheidenheit war nicht seine starke Seite. Ritschl hatte dafür in seinem Tagebuch nur ein Wort: »Größenwahn.«

Ohne Hörer

Als Nietzsche in Basel antrat, hörten sieben Philologen seine Vorlesung. Ein Jahr später konnte er 14 Hörer vermelden. Im Wintersemester 1872/73 aber blieben die Hörer vollständig aus. *Die Geburt der Tragödie,* die von den Fachgenossen einhellig abgelehnt wurde, hatte seinen Ruf derart ruiniert, daß niemand mehr nach Basel kam, um Philologie zu studieren.

Von einem Studenten weiß man, der dennoch nach Basel gehen wollte, endlich aber in Bonn hängenblieb: Er schrieb seinen Verwandten mit großer Erleichterung, er danke Gott, nicht an einer Universität zu sein, wo Nietzsche Lehrer sei.

Doch noch Hörer

Am Ende seiner Laufbahn in Basel hatte Nietzsche doch wieder einige Hörer. Ludwig von Scheffler, der früher Nietzsches Student gewesen war, erlebte ihn nach Jahren wieder im Hörsaal. Nietzsche las über griechische Lyrik. Anwesend waren vier oder fünf Theologiestudenten, die glaubten, dieses Kolleg für ihre Prüfung nötig zu haben. Nietzsche sprach stockend, war schwer zu verstehen; unruhig suchte er nach seinen Belegstellen. »Nichts von der prophetischen Erhabenheit, mit der er zu uns einst über den hellenischen Pessimismus gesprochen hatte ...«, erinnerte sich Scheffler.

Kultus der Erinnerungen

Während Nietzsche in Basel lehrte, entfremdete er sich allmählich seinem Jugendfreund Deussen. Nietzsche selbst registrierte das – bereits im Sommer 1869 – mit Bedauern. »Wir können uns nur Briefe schicken, und diese sind noch nicht einmal Fotografien des Innern, sondern nur flüchtige Schattenbilder einer noch flüchtigeren Stimmung.«

Schließlich faßt er seine Überlegungen zusammen: »Zur Freundschaft gehört Gegenwart: sonst tritt an ihre Stelle der Kultus der Erinnerung.«

Wagner verfallen

Richard Wagner begegnete Nietzsche zunächst in Form eines Klavierauszugs – und zwar der *Walküre*. Die kriegerische Dame ließ ihn kalt. Auch die Musik, worin große Schönheiten durch ebenso große Häßlichkeiten aufgewogen würden.

Zwei Jahre später studierte er den Klavierauszug des *Tristan*, und im Oktober 1868 hatte er Gelegenheit, das Tristan-Vorspiel und die Meistersinger-Ouvertüre in einem Gewandhauskonzert in Leipzig zu hören. Fortan war er Wagners Musik verfallen.

»Ich bringe es nicht übers Herz, mich dieser Musik gegenüber kritisch kühl zu verhalten; jede Faser, jeder Nerv zuckt an mir, und ich haben lange nicht ein solches andauerndes Gefühl der Entrücktheit gehabt als bei letztgenannter Ouvertüre.«

Zu Wagner ohne Frack

Im Spätjahr 1868 legte es Nietzsche darauf an, Wagner kennenzulernen. Wie machte er das? Er ließ seine gesellschaftlichen Beziehungen spielen. Die Frau seines Lehrers Ritschl war mit der Frau von Professor Brockhaus befreundet, und diese Frau hieß Ottilie und war die Schwester Richard Wagners.

Wagner wohnte in Leipzig bei seiner Schwester. Frau Ritschl ließ – so unter uns Professorengattinnen – durchblicken, daß sie bereits durch den jungen Herrn Nietzsche in einige der neuesten Kompositionen Wagners eingeführt worden sei. Richard Wagner wollte diesen jungen Herrn kennenlernen und ließ ihn von Brockhaus einladen.

Nietzsche, in dergleichen Umgang unerfahren, war der Ansicht, zu einer großen Gesellschaft eingeladen zu sein. Er beschloß daher, große Toilette zu machen und war froh, daß ihm sein Schneider just für diesen Tag einen neuen Frack versprochen hatte.

Der Schneider schickte einen Boten mit dem Frack, der Frack paßte, und der Dienstmann präsentierte die Rechnung, die Nietzsche akzeptierte. Indes bestand der Dienstmann auf sofortiger Bezahlung – Geld gegen Ware. Nietzsche setzte ihm auseinander, daß er mit ihm als einem Dienstmann nichts zu tun habe, sondern nur mit dem Schneider selbst, dem er den Auftrag gegeben habe. Der Dienstmann wurde dringender. Die Zeit wurde dringender. Nietzsche ergriff die Sachen, um sie sich anzuziehen, der Mann ergriff die Sachen, um ihn eben daran zu hindern. Gewalt von der einen Seite, Gewalt von der anderen Seite. Nietzsche kämpfte im Hemde, weil er sich gerade die neuen Hosen anziehen wollte. Schließlich raffte sich Nietzsche zu feierlichen Verwünschungen und Racheschwüren gegen den Schneider und alle seine Mitarbeiter auf, während sich der Mann mit Nietzsches – unbezahlten – Sachen entfernte.

Am Ende der dramatischen Szene sehen wir Nietzsche im Hemd auf dem Sofa in Betrachtung seines alten schwarzen Rockes darüber brüten, ob seine abgetragenen Sachen denn gut genug für Richard Wagner seien.

Bei Brockhaus stellte Nietzsche übrigens fest, daß er in den allerengsten Familienkreis geladen war. Ein Frack wäre völlig unangebracht gewesen.

Philosophische Dienstmänner

Wagner sprach mit Nietzsche über Schopenhauer. »Schopenhauer ist der einzige Philosoph, der das Wesen der Musik erkannt hat«, erklärte Wagner. »Wie verhalten sich eigentlich jetzt die Professoren zu ihm?«

»Nicht sonderlich positiv«, teilte ihm Nietzsche mit und erzählte ihm von dem jüngsten Philosophenkongreß in Prag.

»Das sind doch keine wirklichen Philosophen«, meinte Wagner abschätzig, »sondern philosophische Dienstmänner.«

Beim Abschied drückte Wagner Nietzsche warm die Hand und lud ihn freundlich ein: »Kommen Sie mich besuchen! Wir können dann gemeinsam Musik und Philosophie treiben.«

Zufallsfund

Auf Schopenhauer war Nietzsche während seiner Studentenzeit in einer Leipziger Buchhandlung, im Antiquariat Rohn, durch Zufall, gestoßen. Beim Kramen fiel ihm *Die Welt als Wille und Vorstellung* in die Hände. Es war ihm völlig fremd, er nahm es und blätterte ein wenig darin herum.

»Ich weiß nicht«, erinnerte er sich später, »welcher Dämon mir zuflüsterte: Nimm dir dieses Buch mit nach Hause. Es geschah jedenfalls gegen meine sonstige Gewohnheit, Büchereinkäufe nicht zu überbeschleunigen.«

Zu Hause warf Nietzsche sich in eine Sofaecke und begann – zunehmend fasziniert – zu lesen. »Hier war jede Zeile, die Entsagung, Verneinung, Resignation schrie, hier sah ich einen Spiegel, in dem ich Welt, Leben und eigen Gemüt in entsetzlicher Großartigkeit erblickte. Hier sah mich das volle interesselose Sonnenauge der Kunst an.«

Neun Jahre nach seiner ersten Schopenhauer-Lektüre sagte er: »Ich gehöre zu den Lesern Schopenhauers, welche, nachdem sie die erste Seite von ihm gelesen haben, mit Bestimmtheit wissen, daß sie alle Seiten lesen und jedes Wort hören werden, das er überhaupt gesagt hat. Mein Vertrauen zu ihm war sofort da und ist jetzt dasselbe wie vor neun Jahren.«

Meine eigene Nase

Ob man Schopenhauers Philosophie auch mit Gründen widerlegen könne, darüber hatte Nietzsche eine eigene Auffassung. »Weltanschauungen werden weder durch Logik geschaffen noch vernichtet«, sagte er zu einem Freund. »Ich fühle mich heimisch in diesem Dunstkreis, du in jenem. Laß mir doch meine eigne Nase, wie ich dir die deinige nicht nehmen werde.«

Dionysischer Richard, apollinische Cosima

In Tribschen, wohin sich Wagner – gezwungenermaßen – nach seinen Münchner Skandalen zurückgezogen hatte, empfing der Komponist den jungen Baseler Professor, um mit ihm zu musizieren und zu philosophieren. Das Begriffspaar apollinisch-dionysisch wurde in der Atmosphäre der Tribschener Gespräche geboren. Es konnte nicht ausbleiben, daß dieses begriffliche Instrumentarium auf alle möglichen Dinge und Personen angewandt wurde, die sich – häufig nur bedingt – dafür eigneten.

»Mich nennt er seine Priesterin des Apollon«, sagte Cosima Wagner über ihren Richard, »ich sei das apollinische, er das dionysische Element, wir hätten aber unseren Bund geschlossen, unseren Vertrag, daraus sei Fidi entsprungen.«

Bei Nietzsche war es *die Geburt der Tragödie*, die aus dem Zusammenstoß des Apollinischen mit dem Dionysischen hervorging, bei den Wagners war es die Geburt von Siegfried, des gemeinsamen Sohnes, genannt Fidi.

Besuche zur Unzeit

Nietzsches erster Besuch in Tribschen verlief etwas steif. Nietzsche stand am Pfingstsamstag, dem 15. Mai 1869 lange vor Wagners Haus und hörte einen »immer wiederholten, schmerzlichen Akkord«. Wagner war, infolge der Querelen um die Münchner Rheingold-Aufführung, schlechter Laune.

Nietzsches zweite Anmeldung, am 5. Juni 1869, brachte Richard und Cosima – das Paar, das sein Zusammenleben noch immer verheimlichte und Schlafzimmer in verschiedenen Stockwerken bezogen hatte – etwas in Verlegenheit, denn Cosimas Niederkunft stand unmittelbar bevor. Nietzsche dürfte die Fiktion der getrennten Schlafzimmer angesichts des hohen Leibes der Hohen Frau amüsiert haben. Man verbrachte einen heiteren Abend miteinander. Um vier Uhr morgens kam Siegfried Wagner – genannt Fidi – zur Welt.

Sie sind ein Esel!

Nietzsche verkehrte regelmäßig in Wagners Haus. Bei aller Übereinstimmung, die sich zunächst im Philosophischen und Musikalischen zeigte, offenbarten beide doch sehr unterschiedliche Charaktere und Lebensanschauungen.

Nietzsche zum Beispiel hatte sich auf Anraten seines Freundes Carl von Gersdorff zeitweilig einem strengen Vegetarismus unterworfen.

Wagner, solcherart Selbstkasteiung abhold, zog Nietzsche beim Essen damit auf. Nietzsche beharrte auf seinem Standpunkt.

»Sie sind ein Esel!« raunzte Wagner und setzte das Essen verstimmt, aber fleischverzehrend fort.

Weib oder Oper

Nietzsches Beziehungen zum Hause Wagner glichen einem Auf und Ab, wie auch die Stimmungen des von Unpäßlichkeiten und Migräneanfällen geplagten Philosophen. Als 1874 einmal wieder ein sehr wehmütiger Brief Nietzsches in Bayreuth eintraf, reagierte Wagner mit dem Ausruf: »Er muß heiraten oder eine Oper schreiben!«

Zu gut

Wagners Meinung von Nietzsches musikalischen Fähigkeiten war in Wirklichkeit nicht sehr hoch. Nietzsche ließ es sich nicht nehmen, auch in Tribschen und später in Bayreuth die Familie Wagner durch Improvisationen auf dem Klavier zu beglücken.

Wagner wollte wohl seinen jungen Adepten nicht verletzen, als er sein Spiel einmal mit den Worten beurteilte: »Nietzsche, Sie spielen zu gut für einen Professor.«

In Seide

Nietzsches Verehrung für Richard Wagner nahm zeitweise seltsame Formen an. Als Nietzsche einmal aus Wagners »Musensitz« in Tribschen bei Luzern nach Basel zurückkam, erkundigte er sich dort nach einem »guten Seidengeschäft«. Man drang in ihn, was er denn da Galantes suche. Das brachte Nietzsche in einige Verlegenheit, bis er gestand, daß er sich vorgenommen habe, für Wagner ein paar seidene Unterhosen zu besorgen, die der Meister besonders schätze. Lächelnd fügte er hinzu: »Wer einen Gott erwählet hat, der schmücke ihn!«

Wagners Witz

Wagner liebte es, Witze zu reißen. Vor allem, wenn sie auf Kosten anderer gingen.

Nietzsche konnte solche Späßchen nicht leiden. Wagner wußte das und sagte bei einem Besuch zu Nietzsches Schwester Elisabeth: »Ihr Bruder ist gerade wie Liszt, der mag meine Witze auch nicht.«

Humoristische Auffassung

Bei der Arbeit an der Biographie ihres Bruders versuchte Elisabeth Förster-Nietzsche auch den Vorurteilen hinsichtlich Nietzsches Humorlosigkeit entgegenzutreten. Er sei, wenn es ihm gesundheitlich gut ging, von morgens bis abends von strahlendster Heiterkeit und mit allem außerordentlich zufrieden gewesen. »Übrigens darf ich nicht vergessen zu erwähnen, daß mein Bruder überhaupt nie schlechter Laune war, selbst nicht, wenn er sich krank fühlte; immer war er zu einer humoristischen Auffassung der täglichen kleinen Vorkommnisse geneigt.«

Musikalischer Meuchelmord

Ein andermal brachte Nietzsche eine Komposition – die *Sylvesterklänge* – nach Tribschen mit und ließ sie am Klavier durch Cosima Wagner und den Dirigenten Hans Richter vierhändig aufführen.

Das Stück kam nicht einmal beim Hausdiener Jakob an. Cosima hatte Mühe, sich während des Vortrags das Lachen zu verbeißen. Wagner knetete verlegen sein Barett und ging hinaus, bevor der Vortrag beendet war.

Nach dem Vortrag fand Hans Richter in der Vorhalle Wagner, der sich vor Lachen schüttelte. »Da verkehrt man nun schon anderthalb Jahre mit dem Menschen«, meinte der Komponist, »ohne dergleichen zu ahnen; und nun kommt er so meuchlings, die Partitur im Gewande.«

»Der« Nietzsche

Malwida von Meysenbug lernte Nietzsche im Dunstkreis Wagners kennen. Sie war zur Generalprobe jener Benefizaufführung der IX. Sinfonie

Beethovens gekommen, mit der die Grundsteinlegung des Bayreuther Festspielhauses begangen wurde. In der Pause kam Cosima Wagner mit einem jungen Mann zu Malwida von Meysenbug und sagte: »Ich will Ihnen Herrn Nietzsche vorstellen.«

»Was«, entfuhr es der Meysenbug, »den Nietzsche?«

Während Nietzsche errötete, erwiderte Cosima Wagner lachend: »Ja, der Nietzsche!«

Baumannshöhle

In Basel bezog Nietzsche, nachdem er anfänglich provisorisch logiert hatte, eine Wohnung im Haus Schützengraben 45. Durch Vermittlung eines gemeinsamen Kollegen zog Franz Overbeck, als er 1870 nach Basel kam, ins selbe Haus ein. Da der Wirt Baumann hieß, einigten sich die beiden Norddeutschen auf Nietzsches Vorschlag, ihr Quartier fürderhin Baumannshöhle[7] zu nennen.

Nietzsches Kriegseinsatz

Als im Sommer 1870 der Deutsch-Französische Krieg ausbrach, regte sich wieder der Preuße in Nietzsche. Aber er war kein Preuße mehr, sondern infolge seiner Baseler Professur Bürger der Schweiz. »Ich bin betrübten Mutes, Schweizer zu sein!« bekannte er. Kein Opfer sei groß genug, um den »fluchwürdigen französischen Tiger« zu bändigen.

Er ließ sich von seinem Lehramt beurlauben und

meldete sich freiwillig, um als Sanitäter im preußischen Heer zu dienen. In Erlangen absolvierte er einen Kurzlehrgang in Erster Hilfe. Dann wurde er nach Metz kommandiert, von wo aus er einen Verwundetentransport nach Deutschland zurückbegleiten sollte.

Unter den Verwundeten breiteten sich Ruhr und Diphtherie aus. Nietzsche steckte sich an beiden Krankheiten an und kam in Karlsruhe erst einmal ins Krankenhaus. Bis zur völligen Genesung wurde er nach Naumburg in die Fürsorge der Mutter und der Schwester entlassen. Anschließend kehrte er nach Basel zurück, nicht nur von Ruhr und Diphtherie, sondern auch von der Kriegslust vollkommen geheilt.

Mit sich allein

Auch in Basel kannte und fürchtete man Nietzsches Gabe, am Klavier zu improvisieren. Einmal bat ihn der Gastgeber einer Wintergesellschaft, auf der musiziert werden sollte – der städtische Kapellmeister war eigens dazu geladen worden – aus Höflichkeit um einen musikalischen Beitrag; schließlich galt er als Vertrauter Wagners, des ersten Sterns am musikalischen Firmament. Zunächst schüchtern und in seiner verklemmten Art zurückhaltend, ließ er sich ans Klavier bitten, improvisierte und phantasierte – die Musik riß ihn schließlich fort –, und er hörte nicht mehr damit auf. Die Gesellschaft wurde ungeduldig, belustigt und befremdet, ebenso der Kapellmeister, den man eigentlich hören (und der sich hören lassen) wollte und den die ungefüge Endlosigkeit der Darbietung besonders schmerzen mußte. Nietzsche aber bekam von alledem nichts mit; er spielte, als sei er mit sich allein, und der Gesellschaft blieb nichts übrig, wie ein Augen- und Ohrenzeuge bemerkt, als ihn mit sich allein zu lassen.

Sterne am Himmel

Nietzsche indes schloß aus solchen Erlebnissen, daß sein Publikum nicht reif für die Kunst sei. Der Baseler Chemieprofessor Piccard hörte auf einer Gesellschaft im Hause des Ratsherrn Vischer-Bilfinger eine Komposition, die Nietzsche auf dem Klavier vortrug. Die Komposition hinterließ Befremden und Ratlosigkeit.

Auf dem Heimweg fragte Nietzsche seinen Kollegen, wie nach seiner Einschätzung das Stück angekommen sei. Piccard antwortete ausweichend und fragte nach der Bedeutung der wiederholten Staccati, die ihm und auch wohl den anderen Zuhörern etwas eigentümlich erschienen waren.

»Aber Piccard!« rief Nietzsche entgeistert, »Sie haben nicht verstanden, daß dies die Sterne am Himmel während eines Nachtspaziergangs waren?«

Nietzsche wurde über den mangelnden Kunstverstand seiner Zuhörer so überaus traurig, daß Piccard den Unverstandenen aufrichtig bedauerte.

Unerquicklich, antimusikalisch

Ohne jedes Bedauern und in der Schärfe seiner Kritik gnadenlos – »in materia musices hört die Höflichkeit auf«, lautete sein Grundsatz – ging Hans von Bülow mit Nietzsche ins Gericht.

Nachdem der Philosoph ihm nach einer Tristan-Aufführung seine *Manfred-Meditation* – wohl versehen mit einem launigen Brief, der die eigenen Zweifel an der Musik eingestand, insgeheim aber doch auf ein günstiges Urteil hoffend – geschickt hatte, mußte er sich von Bülow sagen lassen:

»Ihre Manfred-Meditation ist das Extremste von phantastischer Extravaganz, das Unerquicklichste und Antimusikalischste, was mir seit langem von Aufzeichnungen auf Notenpapier zu Gesicht gekommen ist. Mehrmals mußte ich mich fragen: Ist das Ganze ein Scherz, haben Sie vielleicht eine Parodie der sogenannten Zukunftsmusik beabsichtigt? Ist es mit Bewußtsein, daß Sie allen Regeln der Tonverbindung, von der höheren Syntax bis zur gewöhnlichen Rechtschreibung ununterbrochen Hohn sprechen?«

Schließlich leistet sich Bülow noch die Ironie, sich bei Nietzsche dafür zu entschuldigen, durch sein Tristan-Dirigat »einen so hohen und erleuchteten Geist wie den Ihren, verehrter Herr Professor, in so bedauerliche Klavierkrämpfe gestürzt zu haben«.

Etwas Seltenes

Trotz der entschiedenen Abfuhr, die Nietzsche hinsichtlich seiner musikalischen Werke durch Hans von Bülow erfahren hatte, respektierte er den Dirigenten weiterhin als unumstrittene Autorität und schalt die Baseler für ihre Kurzsichtigkeit, da sie es in den 60er Jahren nicht vermocht hatten, Bülow, der Neigung gezeigt hatte, ein neuzeitliches Konservatorium in Basel zu begründen, fest an die Stadt zu binden. »Da haben sich die Baseler etwas Seltenes entgehen lassen.«

Todesursache

Als Nietzsches Schrift *Die Geburt der Tragödie aus dem Geiste der Musik* erschienen war, reagierte die philologische Fachwelt fast einmütig ablehnend; nur in die von Wagnerianern dominierten Zeitungen konnten positive Besprechungen lanciert werden. Für die Fachwelt war der junge Professor mit dieser Schrift bereits akademisch tot.

Der Berliner Kritiker Gustav Engel formulierte die Todesursache genauer: »Der ist an Richard Wagner gestorben.«

Verlaufen

Nietzsche hatte die Absicht, zur Erholung nach Montreux zu fahren. Julius Piccard, Professor der Chemie in Basel, empfahl Nietzsche, bei dieser Gelegenheit einen Abstecher nach Lausanne zu machen und dort die Kathedrale zu besichtigen.

Als Nietzsche aus dem Urlaub zurückkam, gestand er Piccard, daß er sich in Lausanne verlaufen hätte. Wie Piccard aus den Erzählungen seines Kollegen rekonstruierte, war der Philosoph vom Bahnhof aus östlich um die Stadt herumgelaufen, war zwar am Zuchthaus vorbeigekommen, hatte mitnichten aber die Kathedrale oder auch nur das eigentliche Zentrum der Stadt berührt und war nach zwei Stunden Irrlauf gerade noch rechtzeitig wieder am Bahnhof angelangt, um seinen Zug zu erreichen.

»Aber warum haben Sie denn niemanden nach dem Weg gefragt?« wollte Piccard wissen.

Nietzsche erwiderte beschämt: »Ach wissen Sie, Piccard, man hätte mich doch ausgelacht.«

Beziehungen sind alles

Trotz der größer gewordenen Distanz zu seinem Jugendfreund Deussen versäumte es Nietzsche nicht, sich bei passender Gelegenheit für ihn einzusetzen. Madame Kanchine, eine vornehme und reiche Russin, die in Genf lebte, suchte einen deutschen Erzieher für ihren einzigen Sohn. Sie wandte sich an ihre Freundin, die Fürstin Trubezkoi, ob sie in dieser Frage Rat wüßte. Die Fürstin Trubezkoi stand in philosophischer Korrespondenz mit dem Theologen Franz Overbeck, der wiederum mit Nietzsche in einem Haus lebte. »Auf diese Weise kam die Frage an Nietzsche«, berichtet Paul Deussen, »und er dachte meiner wie der Mundschenk des Pharao des Joseph und schlug mir vor, die Erzieherstelle zu übernehmen.«

Deussen stellte sich zwar den russischen Damen

vor, fand aber wohl nicht deren Billigung, denn die Anstellung kam nicht zustande.

Wenig erfreulich

Nietzsche hatte sich während des Deutsch-Französischen Krieges freiwillig gemeldet. Auf einem süddeutschen Bahnhof mußte er geraume Zeit auf seinen Anschlußzug warten und belauschte das Gespräch zweier aus dem Krieg heimkehrender Militärärzte, die sich in rohester Weise über die Verwundungen der Soldaten und über ihr Leben unter den Franzosen äußerten. Nietzsche faßte damals wohl nicht nur Abneigung gegen kriegerische Handlungen und medizinisches Fachpersonal, sondern sah auch den Nationalcharakter der Deutschen mit gemischten Gefühlen. »Der Deutsche ist prachtvoll als Krieger«, äußerte er, »verehrungswürdig als feinsinniger, der Welt abgewandter Forscher und Gelehrter, aber sonst mäßig erfreulich.«

Flegelei

Als erste der *Unzeitgemäßen Betrachtungen* erschien 1873 die Schrift *David Strauß, der Bekenner und Schriftsteller*, die stark von Wagners Abneigung gegen David Friedrich Strauß inspiriert war und in der sich Nietzsche zu unschönen, beleidigenden und verletzenden Äußerungen verstieg. Bei dieser Gelegenheit verunglimpfte er die deutschen Intellektuellen rundweg als »Bildungsphilister« – eine Wortschöpfung, die Nietzsche erfunden zu haben glaubte und auf die er ganz besonders stolz war.

Bei seinem Lehrer und Förderer Ritschl kam die Schrift außerordentlich schlecht an. Als Nietzsche seinen Gönner wieder einmal in Leipzig besuchte, mußte er sich einiges anhören. Ritschl fühlte sich von seinem Schüler verachtet, weil er ja selbst auch nur ein Bildungsphilister sei. Er rügte Nietzsches Maßlosigkeit gegen Strauß. »Nun freilich, Deutschland ist in den Flegeljahren, und da haben Sie, Nietzsche, sich wohl das Recht genommen, auch etwas Flegel sein zu dürfen.«

Bildungsphilister

In Basel sah man seine unakademischen Entgleisungen mit noch geringerer Freude. Auf der jährlichen Rektoratsfeier hatte jemand einen Toast auf die Akademische Gesellschaft ausgebracht und nebenhin – aber mit deutlicher Anspielung auf Nietzsches Wortschöpfung – bemerkt, da nicht jeder ein Fachgelehrter sein könne, müsse es auch notwendigerweise Bildungsphilister geben.

Nietzsche stand beleidigt auf und ging.

Der kann doch nicht einmal

Was Jacob Burckhardt, der berühmte Kulturhistoriker und Kollege Nietzsches, in Basel zum Thema David Friedrich Strauß und Bildungsphilister zu sagen hatte, ist von Peter Gast überliefert worden: »Der Nietzsche! Der kann ja nicht einmal einen gesunden – – –«

Was die drei Striche bedeuteten, hat Peter Gast leider nicht mitgeteilt. Jeder muß sich hier also selbst eine entsprechende Grobheit denken.

Gifthütte

Nach anderer Überlieferung war der Erfinder der Mitteilung, daß Nietzsche nicht mal einen gesunden – – – könne, nicht Jacob Burckhardt, sondern der Germanist und Mitarbeiter am Grimmschen Wörterbuch Moritz Heyne. Dieser wegen seines Sarkasmus gleichermaßen gefürchtete und geschätzte Kollege brachte auch für den Freundeskreis Nietzsches, einen Kreis ausgemachter Pessimisten, zu dem damals neben Overbeck noch von Gersdorff und Heinrich Romundt zählten, die Bezeichnung »Gifthütte« in Umlauf.

... dieser verschrobene Nietzsche

Franz Overbeck war, bevor er nach Basel ging, mit dem Historiker Heinrich von Treitschke eng befreundet gewesen. In dem gleichen Maße, wie Overbeck sich Nietzsche anschloß, litt die Freundschaft zu Treitschke. Der Historiker machte aus seiner Abneigung gegen den Altphilologen, der Philosoph sein wollte, keinen Hehl. Nietzsche hatte auch Treitschke ein Exemplar der ersten *Unzeitgemäßen* geschickt, jener gegen David Friedrich Strauß gerichteten Streit- und Schmähschrift. Treitschke hatte gegenüber Nietzsche überhaupt nicht reagiert, dafür gegenüber Overbeck in einem heftigen Brief. Overbeck antwortete ruhig, sachlich, aber bestimmt; der Bruch mit Treitschke war nicht mehr zu kitten.

Noch Jahre später warf der Historiker Overbeck vor: »Dein Unglück ist dieser verschrobene Nietzsche, der sich so viel mit seiner unzeitgemäßen Gesinnung weiß und doch bis ins Mark angefressen ist von dem zeitgemäßesten aller Laster, dem Größenwahn.«

Zwillings-Buch

Nietzsches erste *Unzeitgemäße* war im Frühjahr 1873 fertig geworden. In den Osterferien 1873, während Nietzsche in Bayreuth weilte, hatte Overbeck seine »Streit- und Friedensschrift« *Über die Christlichkeit unserer heutigen Theologie* geschrieben.

Nietzsche bestand darauf, beide Arbeiten seinem Verleger anzuvertrauen; sie erschienen dann auch gleichzeitig bei Fritsch in Leipzig.

Beide, Overbeck und Nietzsche, ließen jeweils einen »Zwilling« zu einem Band aufbinden, den sie sich gegenseitig zueigneten.

Nietzsche versah beide Zwillings-Bände mit identischen Widmungsversen:

Ein Zwillingspaar aus einem Haus
ging mutig in die Welt hinaus,
Welt-Drachen zu zerreißen.
Zwei-Väterwerk! Ein Wunder war's!
Die Mutter doch des Zwillingspaars
Freundschaft ist sie geheißen.

Nietzsche schrieb in Overbecks Exemplar außerdem noch: »Der eine Vater dem andern.«

Schwere Briefe

Im Hause seines Leipziger Verlegers Fritsch hatte Nietzsche den Musik-Philologen Carl Fuchs kennengelernt. Im Jahr darauf hatte Fuchs einen Vortrag über *Die Geburt der Tragödie* vor der Leipziger Tonkünstlerversammlung des Allgemeinen deutschen Musikvereins gehalten.

Fuchs hatte sich nach Möglichkeiten erkundigt, nach Basel berufen zu werden. Aber sowohl Nietzsche als auch Overbeck hatten dringend versichert, nicht zuraten zu können. Statt eines direkten Gedankenaustausches setzte nun lebhafter Briefwechsel zwischen Fuchs in Leipzig und Nietzsche (und gelegentlich auch Overbeck) in Basel ein. Fuchs war als Briefschreiber bald gefürchtet, denn seine Briefe wuchsen sich zu Broschüren aus.

Wieder einmal mußte Nietzsche einen an ihn gerichteten Brief gegen Strafporto auslösen. Daraufhin stellte Overbeck die Rechenaufgabe: »Wenn der Fuchsische Brief schon mit vier großen Marken versehen war, Nietzsche aber dennoch zwei Franken Strafporto erlegen mußte, wie dick und wie schwer war dann der Brief?«

Die Stadt Jacob Burckhardts

Auch wenn es Frau Förster-Nietzsche später etwas anders dargestellt hat: Zwischen Nietzsche und Jacob Burckhardt gab es im Grunde wenig Berührungspunkte, außer vielleicht beider skeptische Einstellung gegenüber den christlichen Kirchen.

Nietzsche aber hat dem 26 Jahre älteren Kollegen viel Hochachtung entgegengebracht. Sein höchstes Lob war: »Man merkt es jedem gebildeten Baseler an, daß er in der Stadt Jacob Burckhardts geboren ist.«

Kein Jota anders

Nietzsche hielt viel auf Jacob Burckhardt. Er meinte, als er nach Basel gekommen sei, habe Burckhardt ihn gleich erkannt und sei immer ein treuer Freund geblieben. Nietzsche glaubte, daß seine und Burckhardts Ansichten in den wichtigsten Punkten sehr verwandt seien.

Als ein Bekannter einwandte, Burckhardt stehe doch, soviel man wisse, auf positiv christlichem Boden, erwiderte Nietzsche mit einer ablehnenden Handbewegung: »Ach, lassen Sie nur gut sein, Burckhardt ist eben lebensklüger und weniger heißspornig als ich, innerlich aber denkt er wohl um kein Jota anders als ich über das Verhältnis des Christentums zur menschlichen Kultur im allgemeinen.«

Das Unglück der Wunderkinder

Paul Heinrich Widemann, ein Freund Peter Gasts, hatte Nietzsche in Basel besucht und auch verschiedenen Vorlesungen an der Universität beigewohnt. Nach einer dieser Vorlesungen sprach er mit Jacob Burckhardt über das derzeit schlechte gesundheitliche Befinden Friedrich Nietzsches. Burckhardt sagte: »Das ist das Unglück der Wunderkinder. Weil er schon in Schulpforta ein Wunderkind war, wollte man immer größere Wunder von ihm sehen; so hat man ihn über die Maßen angestrengt und seine Gesundheit an der Wurzel beschädigt.«

Für Nietzscheaner kostenlos

Peter Gast und Widemann sind sich nie ganz darüber klar geworden, ob es tatsächlich Burckhardts Hochachtung für Nietzsche oder vielmehr der Baseler Humor des Kulturhistorikers war: Burckhardt lehnte es jedenfalls ab, von den in den letzten Semestern bei ihm hörenden Herren Gast und Widemann Kollegiengelder zu kassieren. Er rechne es sich zur Ehre, zwei mit Nietzsche befreundete Herren unter seinen Zuhörern zu haben. »Das ging entschieden zu weit«, kommentierte Peter Gast später etwas hilflos, »war aber in seiner Mischung von Raffinement und Naivität doch köstlich.«

Burckhardt auf der Flucht

Peter Gast hat über das Verhältnis Jacob Burckhardts zu Friedrich Nietzsche ein weiteres interessantes Zeugnis abgegeben: »Auch wer Burckhardt und Nietzsche nach dem Kolleg Burckhardts über die griechische Kulturgeschichte, dessen Zuhörer Nietzsche im Sommersemester 1876 war, zusammen über den Münsterplatz nach Hause gehen sah, mußte bemerken, daß Burckhardt Nietzschen gegenüber gern die Rolle des noli me tangere[8] spielte und am liebsten mit ängstlich-zuschpligem Schritt davongelaufen wäre.«

In Wirklichkeit dürfte Burckhardt Nietzsches unangemeldete Zuhörerschaft als Bruch akademischer Konvention und seine Anhänglichkeit als zudringlich empfunden haben.

Erst mal einreißen

Louis Kelterborn, selbst inzwischen Student in München, war in Basel Schüler und Student bei Nietzsche gewesen. Er war Wagnerianer, hatte Wagners Schriften gelesen und auch Nietzsches jüngste erschienene *Unzeitgemäße Betrachtungen*.

Bevor er nach den Semesterferien wieder nach München fuhr, traf er sich noch einmal mit Nietzsche und schilderte ihm seine Lektüre-Eindrücke. Schließlich fragte er Nietzsche, was denn das Neue sein sollte, das nachher an Stelle des eingerissenen Alten zu treten hätte.

Nietzsche antwortete: »Es kommt überhaupt zunächst jetzt nur darauf an einzureißen, tabula rasa zu machen. Das Neue wird dann von selbst herauswachsen und sich emporarbeiten.«

Verhaßt wie eine Dampfmaschine

Mag Nietzsche auch Basel nicht als die Erfüllung aller Sehnsüchte erschienen sein, hat er sich doch in der Stadt und ihrer Umgebung anscheinend recht wohl gefühlt. Jedenfalls kann man das aus einem recht drastischen Vergleich entnehmen, den er gelegentlich anstellte: »Ich preise Basel, weil es mir erlaubt, ruhig wie auf einem Landgütchen zu existieren. Dagegen ist mir schon der Klang eines Berliner Organs verhaßt wie eine Dampfmaschine.«

Logisch haben Sie recht

Als die *Unzeitgemäßen Betrachtungen* erschienen, sah sich Nietzsche vielen Angriffen – nicht nur akademischen, sondern auch sehr kleinlichen und hämischen in der Tagespresse – ausgesetzt. Nietzsche hatte selbst, da es ihm an akademischem Zuspruch fehlte, die wagnertreue Presse für sich einzuspannen gesucht; das Echo durfte ihn also nicht wundern.

So fiel auch seine Reaktion sehr gedämpft aus, als ihm sein Kollege Rudolf Eucken riet, er möge solche Sachen nicht allzu schwer nehmen.

»Ja, logisch haben Sie recht«, meinte Nietzsche, »aber es schmerzt doch, wenn man in dieser Weise behandelt wird.«

Recht hübsch

Im Gegensatz zu seinen philosophischen Grausamkeiten pflegte Nietzsche in der privaten Konversation und im gesellschaftlichen Umgang eher die zurückhaltenden, ja sanften Töne.

Einmal – er war noch neu in der Schweiz – war er von einem Ausflug zum Nigi zurückgekehrt, und der alte Professor Gerlach fragte ihn: »Nun, Herr Kollege, wie fanden Sie's denn?«

Nietzsche antwortete leise: »Oh, recht hübsch!«

»Hübsch?« donnerte der alte Gerlach. »Ich sage Ihnen: Es ist schön! Entzückend schön! Himmlisch schön!«

Und überließ Nietzsche, der wie ein begossener Pudel dastand, dem Mitleid der übrigen Kollegen.

Nichts zu lachen

Nicht immer war die Konversation mit Nietzsche einfach, und Mißverständnisse ergaben sich oft aus seiner angestrengt ernsten Wesensart. So erzählte er einmal auf einer Gesellschaft seiner Tischdame einen Traum: »Mir träumte kürzlich, meine Hand, die vor mir auf dem Tisch lag, bekam plötzlich eine gläserne, durchsichtige Haut; ich sah deutlich in ihr Gebein, in ihr Gewebe, in ihr Muskelspiel hinein. Mit einem Mal sah ich eine dicke Kröte auf meiner Hand sitzen und verspürte zugleich den unwiderstehlichen Zwang, das Tier zu verschlucken. Ich überwand meinen entsetzlichen Widerwillen und würgte die Kröte herunter.«

Die junge Frau, die wohl die Erzählung als einen etwas absonderlichen Witz auffassen mußte, lachte.

Da schaute Nietzsche seine Nachbarin mit großen Augen an und fragte ganz traurig: »Und darüber lachen Sie?«

Gründliche Heiterkeit

Ob Nietzsche Humor gehabt hat, und wenn ja, in welchen Situationen er sich nichts davon anmerken ließ, darüber stritten sich schon früh die Nachbeter und Nachtreter, die Freunde und die Feinde. »In früheren Jahren war Nietzsche gern gründlich heiter«, erklärte sein Freund Overbeck, der sich vor allem der literarisch motivierten Heiterkeit erinnert. »Wie haben wir uns an Mark Twain amüsiert.«

Nicht den Magen verderben

Der Schriftsteller Louis Kelterborn war in Basel Schüler Nietzsches gewesen. Als er seinem verehrten Lehrer berichtete, daß er gerade *Ingo und Ingraban* von Gustav Freytag gelesen habe, verdrehte der die Augen und empfahl ihm: »Verderben Sie sich nicht Ihren literarischen Magen mit allzu viel Gustav Freytag!«

Gespenstisch

Im Sommer 1873 begegnete Friedrich Nietzsche einem Gespenst. Zu seiner Schwester soll er geäußert haben: »Lisbeth, das ist ein Gespenst, das mich zuweilen heimsucht und mit mir geheimnisvoll zu reden pflegt, wie es Gespenster tun.«

Über die Identität des »Gespensts« herrscht inzwischen vollkommene Klarheit. Es handelte sich um eine Holsteinerin namens Rosalie Nielsen, die geschiedene Gattin eines skandinavischen Seeoffiziers, die in Italien mit Mazzini bekannt und darüber hinaus in revolutionäre Umtriebe verwickelt gewesen war.

Sie bezeichnete sich selbst als glühende Anhängerin Friedrich Nietzsches, seit sie dessen Schrift *Die Geburt der Tragödie* gelesen hatte. Frau Nielsen erregte nicht nur durch schlampige und unsaubere Garderobe Anstoß bei ihren Zeitgenossen, sie war, allen Zeugnissen zufolge, auch noch mit außerordentlicher Häßlichkeit geschlagen.

Was genau das Gespenst von Nietzsche wollte, ist nie ganz klar geworden. Sollte er in eine Verschwörung wider Richard Wagner hineingezogen werden? Lag ein Anschlag auf des Professors Keuschheit vor?

Jedenfalls reagierte Nietzsche, im Stile Wagners, theatralisch, indem er der Dame nicht nur die Tür wies, sondern einen Stuhl ergriff, die Tür öffnete und den Stuhl vor die Tür stellte.

Overbeck hat später »durch eine energische Rücksprache mit der Dame« Nietzsche von deren Zudringlichkeiten endgültig befreit.

Lasterhaftes Lesen

Elisabeth Förster-Nietzsche schildert den Tagesablauf ihres Bruders, wie sie ihn um 1875 kennengelernt haben will. Nietzsche begann demnach seinen Arbeitstag stets sehr früh, auch in den dunklen Wintermonaten. Er begann mit einer Stunde Nachdenken, nahm dann ein Frühstück und setzte anschließend die geistige Arbeit fort. Nietzsche soll ein ausgesprochener Vormittagsarbeiter gewesen sein, am Morgen sei der Geist am frischesten und übermütigsten, behauptete er. Er versuchte immer, sich den Vormittag für seine schriftstellerische Arbeit freizuhalten. Deshalb verzichtete er auch vormittags auf die Lektüre von Büchern. »Frühmorgens beim Anbruch des Tages, in aller Frische, in der Morgenröte seiner Kraft ein Buch lesen – das nenne ich lasterhaft!«

Lauscher im Park

Zu Pfingsten 1875 weilte Friedrich Nietzsche mit seiner Schwester Elisabeth in Baden-Baden. Während eines Spazierganges ließen sich beide auf einer Bank nieder und diskutierten ästhetische Fragen. Bei diesen Gesprächen will Elisabeth zum ersten Mal die von Wagners Kunstansichten abweichenden Auffassungen ihres Bruders bemerkt haben. Nach einer Weile beobachtete Elisabeth auf der Bank gegenüber einen Mann, der dem Gespräch aufmerksam zu lauschen schien. Sie erkannte den russischen Schriftsteller Turgenjew, dessen Fotografie sie jüngst gesehen hatte. Als Turgenjew gewahr wurde, daß sein Lauschen bemerkt worden war, ging er höflich grüßend an den Nietzsches vorüber.

Nietzsche war in Sorge, ob der fremde Lauscher genug Deutsch verstanden haben könnte, um ihrem Gespräch zu folgen. Schließlich meinte er: »Es ist gut, daß er nicht weiß, wer wir sind, sonst käme am Ende noch Wagner unser Gespräch zu Ohren – das gäbe endlosen Verdruß.«

»Aber Fritz«, fragte Elisabeth zurück, »Wagner kann doch unmöglich erwarten, daß alle seine Ansichten von seinen Freunden geteilt werden?«

»Doch, Lisbeth«, erwiderte Nietzsche zögernd und nachdenklich, »das verlangt er.«

Herr Professor spielen Theater

Lisbeth versucht in der Biographie ihres Bruders stets den Eindruck zu erwecken, als habe sich Friedrich Nietzsche unablässig um die ästhetische und philosophische Bildung seiner Schwester bemüht. So erzählt sie eine Episode aus der Zeit um 1875, als Nietzsche an seinen Schriften *Die Philosophie im tragischen Zeitalter der Griechen* und *Richard Wagner in Bayreuth* arbeitete. Ihr Bruder habe ihr nicht nur aus diesen Schriften vorgelesen, sondern auch griechische Tragödien in Übersetzung vorgetragen; hin und wieder sogar ganze Passagen in Griechisch, damit sie höre, wie schön die griechische Sprache klänge. Besonders ergreifend fand Elisabeth den *Philoktet* des Sophokles. Friedrich seufzte, schrie und klagte dabei so kläglich, daß Caroline, das Mädchen, das im Haushalt aufwartete, von Neugier getrieben den Tee eine Stunde früher als gewöhnlich servierte.

Elisabeth versuchte ihr zu erklären: »Caroline, Sie wundern sich wohl ...«

»O nein«, unterbrach sie das Mädchen, »ich habe es gleich bemerkt, der Herr Professor spielen wieder Theater.«

Ernüchtert

Im Frühjahr 1876 erschien, als viertes Stück der *Unzeitgemäßen Betrachtungen*, Nietzsches kulturphilosophische Programmschrift *Richard Wagner in Bayreuth*. »Freund! Ihr Buch ist ungeheuer! – Wo haben Sie nur die Erfahrung von mir her?« schrieb Wagner dem Philosophen.

Doch pflegte er mit diesem Lob, wie so oft, eine doppelte Buchführung.

Cosima notierte in ihrem Tagebuch verschiedene Versuche, das Buch gründlich zu lesen und mit dem Inhalt klarzukommen. Die Diskrepanz zwischen Nietzsches ästhetischem und kulturpolitischem Programm und dem, was Wagner selbst von den Bayreuther Festspielen erwartete, war allzu auffällig.

Am 24. Juli 1876 reiste Nietzsche in Bayreuth an, um an den Endproben zum *Ring* teilzunehmen. Schon nach einer Woche war er von der Wirklichkeit des Theaters so bedient, daß er an seine Schwester schrieb: »Ich sehne mich weg. Mir graut vor jedem dieser langen Kunstabende. Ich habe es ganz satt.«

Nietzsche ließ Bayreuth Bayreuth sein und reiste nach Klingenbrunn im Bayerischen Wald. Dort begann er mit der Arbeit an *Menschliches, Allzumenschliches*. Auf die Vorhaltungen seiner Schwester, die inzwischen in Bayreuth eingetroffen war, schrieb er am 6. August: »Ich weiß ganz genau, daß ich es dort *nicht* aushalten kann, ja eigentlich hätten wir es vorher wissen sollen. Ich fühle mich von dem kurzen Aufenthalte dort so ermüdet und erschöpft, ich komme gar nicht wieder recht zu mir.«

Erst am 12. August, einen Tag vor Beginn der eigentlichen Festspiele, kam er auf erneutes Drängen der Schwester nach Bayreuth zurück.

Ausflug ins Irrenhaus

Nietzsche war von dem Trubel, dem Staub, der Hitze und den Menschen auf dem Bayreuther Festspielhügel genervt. Starke Kopfschmerzen stellten sich wieder ein, Folge der langsam fortschreitenden tückischen Krankheit.

Um sich wenigstens zwischendurch Erleichterung zu verschaffen, unternahm er Spaziergänge in die Umgebung. Bei einer dieser Wanderungen geriet er, in Begleitung des Sängers Adolf Wallnöfer, in die Bayreuther Irrenanstalt.

Als die Anstaltsinsassen vernahmen, daß sie einen Sänger und einen Philosophen zu Besuch hätten, nötigten jene, die sich für verkannte Genies hielten, den Besuchern ihre Werke auf.

Unter diesen Werken war ein Gedicht mit dem Titel *Christus als Schmetterlingsrüssel.*

»Wie entsetzlich und grotesk zugleich, wenn ein Mensch seine geistigen Kräfte verliert!« sagte Nietzsche nach der Lektüre. Dann schüttelte ihn plötzlich ein heftiges Lachen.

Auf Wiedersehen in Walhalla

Nietzsches nähere Freunde und Verehrer erwarteten die vierte *Unzeitgemäße* mit Ungeduld und lasen sie mit Begierde.

»Endlich einmal wieder ein Festtag!« jubelte Carl von Gersdorff, als er das just erschienene Buch übersandt bekam. »Wie ein Verschmachtender stürzte ich den ganzen Trank dieser ergreifenden Weiherede auf einmal herunter. Es wird einem wohl und wehe dabei zumute. Auf Wiedersehen in Walhalla! Und daß keiner fehle!«

Olle Kamellen

Nach dem Erscheinen von *Richard Wagner in Bayreuth* drängten sich viele Wagnerianer, den vermeintlichen Propheten des Meisters kennenzu lernen und zu sprechen.

Nietzsche mochte diese Gespräche nicht.

Seine Schwester Elisabeth fragte ihn, warum er seinen Verehrern auswiche.

»Ach, die Leute sollen die alten Geschichten lassen«, meinte Nietzsche.

»Aber«, wandte Elisabeth ein, »die Schrift ist gerade vor fünf Wochen erschienen.«

»Mich dünkt es wie fünf Jahre«, erwiderte er.

Heiratskandidatinnen

Schwester und Mutter pflegten Friedrich Nietzsche hin und wieder, wohl eher aber immer wieder, mit Heiratsplänen zu nerven. Da der Philosoph selber keine Anstalten zu machen schien, sich eine Braut zu suchen, schickten sich die schlichte Franziska und ihr bigottes Pflänzchen Elisabeth an, die »Richtige« für den »Herzensfritz« und den »geliebten Bruder« zu suchen. Ob Friedrich Nietzsche das lange amüsant fand, ist fraglich. Solange er die Kraft dazu aufbrachte, widersprach er jedem Kandidatinnenvorschlag mit der Bemerkung: »Erstens kenne ich sie nicht, und zweitens: Wer weiß, ob sie mich will?«

Da Mutter und Schwester letzteres für selbstverständlich hielten und ersterem ja gerade abhelfen wollten, ließen sie nicht locker, Friedrich mit immer neuen Vorschlägen zu plagen.

Überstürzter Antrag

Sei es, um den Kuppeleien von Mutter und Schwester endlich zu entgehen, sei es, weil er selber glaubte, zum Professor der klassischen Philologie gehöre auch eine »Frau Professor«, machte Nietzsche im Frühjahr 1876 schließlich einen ziemlich überstürzten Heiratsantrag.

Mathilde Trempedach hieß die so plötzlich Erwählte. Nietzsche lernte sie durch Hugo von Senger, einen Pianisten und Dirigenten, kennen, dessen Klavierschülerin sie war. Nietzsche bekam, wie sollte man es ihm bei seiner Unerfahrenheit – fast möchte man sagen, Taubblindheit – in erotischen Dingen natürlich nicht mit, daß Senger mehr für Mathilde war als nur der Klavierlehrer. Friedrich Nietzsche schenkte Mathilde Trempedach tiefe Blicke, er ließ sie an einem Gespräch teilhaben, das er mit Senger führte, er würdigte sie einer längeren, leidenschaftlichen Klavierimprovisation. Er sah sie im Ganzen dreimal. Dann schrieb er ihr einen Heiratsantrag. Und suchte sich als Boten originellerweise ausgerechnet Hugo von Senger aus.

Und wie empfand es die Angebetete? Das Dienstmädchen meldete, »Herr von Senger erwarte mich einer eiligen Mitteilung wegen im Vorzimmer. Und mein Freund meldete mir, ich würde am folgenden Morgen ein inhaltsreiches Schreiben von Friedrich Nietzsche erhalten. Ich möge es mit Fassung lesen und nur nach reifem Nachdenken beantworten. Mein Freund entfernte sich sogleich und überließ mich einer beunruhigenden Erwartung.«

Natürlich bedurfte es für sie keines allzu reifen Nachdenkens; Mathilde lehnte Friedrich Nietzsches Antrag höflich, aber bestimmt ab.

Unvernunftsheirat und Konventionsehe

Friedrichs überstürzter Heiratsantrag an Mathilde Trampedach fand nicht Elisabeths Beifall. »Deine Heiratsgeschichte ist gerade wie damals die Sache mit dem Duell«, tadelte sie den Bruder, »du machst immer alles anders als andere Leute, so plötzlich und ohne Vorbereitung.«

»Ja«, meinte Nietzsche, »ich muß nur immer froh sein, wie gut es abläuft. Schließlich wäre aber eine plötzliche Unvernunftsheirat doch noch besser als eine Konventionsehe, wovor der Himmel jeden bewahren soll.«

Geist einhauchen

Isabella von der Pahlen, später mit dem Baron von Ungern-Sternberg verheiratet, lernte Nietzsche zufällig im Zugabteil auf der Reise von Genf nach Genua kennen. Fräulein von der Pahlen hatte mit ihrer Begleiterin – Demoiselles von Stand reisten nicht allein – an einem milden Oktoberabend das Zugabteil erster Klasse bestiegen, in dem sich außer ihnen nur noch ein einzelner Herr befand, der sich in eine Ecke gedrückt hatte. Doch während die Begleiterin über ein zweckmäßiges Daunenkissen verfügte und alsbald sanft entschlummert war, mühte sich Fräulein von Pahlen lange vergeblich, ein Luftkissen, das ihr Vater wegen der geringeren Abmessungen für zweckmäßig erachtet hatte, aufzublasen. Des Kampfes mit dem Objekt schließlich müde, wandte sie sich an den unbekannten Mann in der Abteilecke: »Bitte, sehen

Sie zu und helfen Sie mir, falls Sie mehr Puste haben als ich.«

Der Unbekannte griff sich die schlappe Kissenhülle und versuchte nun ebenfalls ohne erkennbaren Erfolg, dem Kissen seinen Luftgeist einzuhauchen.

Man beschloß endlich, auf den Schlaf ganz zu verzichten und die Nacht in lebhaftestem Gespräch zu verbringen. Eine »Orgie des Gedankens« wird Isabella später diese Nacht mit Nietzsche – niemand anders war der Unbekannte in der Abteilecke – nennen, »die mir – als eigenartigstes Ereignis meines Lebens häufig aufs neue vergegenwärtigt – in frischester, leuchtender Erinnerung geblieben ist.«

Zu viel Blut

Anfang 1878 las Nietzsche Wagners Text zum Parsifal. Der Text mißfiel ihm sehr. Er spürte darin den Geist der Gegenreformation und meinte im übrigen: »Kein Fleisch und viel zu viel Blut.«

Besser nicht lesen

Im Jahre 1878 hatte Nietzsche den ersten Band seines Werkes *Menschliches, Allzumenschliches* nach Bayreuth gesandt.

Cosima schildert in ihrem Tagebuch ein »banges Gefühl davor nach einem kurzen Einblick«.

Richard Wagner meinte nach kurzem Durchblättern: »Ich erweise Freund Nietzsche ein Gutes, wofür er mir später danken wird, wenn ich es nicht lese.«

Konkurrenz

Nietzsche hatte in München das *Triumphlied* von Brahms gehört. Das Stück hatte auf ihn einen starken Eindruck gemacht; er sah darin eine Wiederbelebung Händelscher Chorsinfonik. Nietzsche besaß so viel Takt und Einfühlungsvermögen, daß er das Werk dieses Komponisten, der von der Musikkritik als Antipode zu Richard Wagner aufgebaut worden war, mit nach Bayreuth zu nehmen und den rot eingebundenen Klavierauszug demonstrativ auf den Notenständer des Flügels zu stellen.

Nietzsche trat mehrmals mit der Bitte an Wagner heran, selbst aus dem Klavierauszug vorspielen zu dürfen. Wagner wich diesem Ansinnen, so lange es ging, aus. Schließlich ging ihm das Getue des Philosophen so auf die Nerven, daß er seinen Leibpianisten Karl Klindworth – wenigstens ein Fachmann sollte es sein – zum Klavier bat: »Klindworth, spielen Sie mal das rote Buch, der Nietzsche läßt mir keine Ruhe!«

Wagner, kaum daß er merkte, daß ihm Brahms angetan wurde, verließ nach wenigen Takten wütend das Zimmer, seine Getreuen, wie es hieß, »in ratloser Gedrückheit« zurücklassend.

Der Hintergrund für diesen Eklat besteht aber nicht allein aus musikalischer Animosität. Wagner hatte von König Ludwig einen hohen Orden verliehen bekommen. Glaubte er sich zunächst vor anderen damit ausgezeichnet, mußte er kurz darauf erfahren, daß auch Johannes Brahms dieser Orden verliehen worden war, und zwar zur selben Zeit. Nietzsche, der diesen Zusammenhang nicht kannte, hatte Wagner zur Unzeit an den Konkurrenten Brahms erinnert.

Es war übrigens ein Lied von Brahms, das auf der Trauerfeier für Nietzsche am 27. August 1900 in Weimar erklang.

Der ganze Mensch ist widerwärtig

Der Bruch zum Hort des Wagner-Kultes wurde in *Menschliches, Allzumenschliches* deutlich. Schon der Untertitel des Werkes – *Ein Buch für freie Geister* – wurde in Haus Wahnfried als Affront empfunden. Er war auch so gemeint.

Cosima hatte angeordnet, daß auf Nietzsches Angriffe nicht zu antworten, ja, daß jenes Buch für freie Geister nicht einmal zu lesen sei.

Doch Wagner litt an Unterleibsschmerzen und Schlaflosigkeit. Er konnte es einfach nicht lassen, von der Droge Nietzsche immer wieder zu naschen. Er kam von Nietzsche einfach nicht los. Einmal sagte er nach der Lektüre enttäuscht: »Es macht mir keine große Ehre, daß der mich einmal gelobt hat.«

Zehn Tage vor seinem Tod in Venedig im Februar 1883 entdeckte er im Palazzo Vendramin in einer Zeitschrift eine Besprechung zu Nietzsches Buch *Die fröhliche Wissenschaft*. Er blätterte darin, die alte Haßliebe brach wieder aus. »Alles von Wert hat er von Schopenhauer geklaut!« schimpfte er. »Der ganze Mensch ist widerwärtig!«

Hausgerät und Zimmerschmuck

M*enschliches, Allzumenschliches* und die Bayreuther Blätter, gewissermaßen Wagners Hauszeitschrift, waren von dem gleichen Verleger, Schmeitzner, herausgebracht worden. Bald hatte Schmeitzner Grund zur Klage, denn der Absatz des Buches war schleppend, geradezu ruinös schleppend.

»Ach, wissen Sie«, sagte Wagner zu Schmeitzner, »Nietzsche liest man doch nur, insofern er sich zu unserer Sache hält.«

Natürlich hinterbrachte der Verleger Nietzsche diesen Ausspruch. Und Nietzsche war verständlicherweise gekränkt: »Es beleidigt zu entdecken, daß man dort, wo man überzeugt war, geliebt zu sein, nur als Hausgerät und Zimmerschmuck betrachtet wurde, an dem der Hausherr vor Gästen seine Eitelkeit auslassen kann.«

Aphoristisch aus Zeitnot

Nietzsches Philosophieren entbehrt, was ihm seinerzeit häufig angekreidet wurde, einer vordergründigen, sofort ins Auge fallenden Systematik. Statt dessen setzt sich, wie besonders seit *Menschliches, Allzumenschliches* zu beobachten ist, sein Gedankenbild aus einer Fülle von Einzelstücken gleichsam zu einem Mosaik zusammen.

Über diese aphoristische Form seiner Philosophie sagte Nietzsche: »Ich fühlte mich dem Tode nahe und darum gedrängt, manches auszusprechen, was ich seit Jahren mit mir herumgetragen hatte. Die Krankheit nötigte mich zu knappster Ausdrucksweise, unvermittelt wurden die einzelnen Sätze einem Freunde diktiert, an systematische Verwertung konnte nicht gedacht werden. So entstand das erste Buch Menschliches, Allzumenschliches.«

Gescheiterte Versöhnung

Während der Bayreuther Festspiele im Herbst 1882 hatten beider Freunde und Bekannte versucht, Wagner und Nietzsche wieder miteinander zu versöhnen. Malwida von Meysenbug glaubte (übrigens sehr zu Unrecht), gegebenenfalls Nietzsche, der im thüringischen Tautenburg weilte, nach Bayreuth bitten zu können. So machte sie den untauglichen Versuch, im Haus Wahnfried den Namen Nietzsche wieder ins Gespräch zu bringen.

Wagner reagierte schroff. Er verließ in großer Erregung den Raum und verbat sich, den Namen Nietzsche jemals wieder in seiner Gegenwart auszusprechen.

Vater und Mutter

In der Zeit seiner Loslösung von Richard Wagner gewann der Philosoph Paul Rée zeitweilig einen bedeutenden Einfluß auf Nietzsche, wie auch Nietzsche das Denken von Paul Rée beeinflußt hat. Als Rée 1877 sein Buch über den Ursprung der moralischen Empfindungen veröffentlichte, schickte er Nietzsche ein Exemplar mit der Widmung: »Dem Vater dieser Schrift dankbarst deren Mutter.« Nietzsche wiederum widmete Rée ein Exemplar von *Menschliches, Allzumenschliches* mit den Worten: »Ihnen gehört's, – den Andern wird's geschenkt.« Und er begründete die seltsame Widmung: »Alle meine Freunde sind jetzt einmütig, daß mein Buch von Ihnen geschrieben sei und herstamme: weshalb ich zu dieser neuen Autorschaft gratuliere!«

Baum der Erkenntnis

Nietzsche hatte mit Paul Rée und Malwida von Meysenbug den Winter 1876/77 in Sorrent verbracht, wo man auch den Besuch der Familie Wagner empfing. Wagner hegte starke Vorbehalte gegen Rée, und so kann dieses letzte persönliche Zusammentreffen Wagners mit Nietzsche kaum als gelungen bezeichnet werden.

Als Rée schon abgereist war, blieb Nietzsche mit Malwida von Meysenbug noch eine Zeitlang allein zurück. Er las ihr eine große Anzahl von Aphorismen vor, die er, wie er sagte, auf seinen einsamen Spaziergängen aufgeschrieben hatte. Besonders viele seien ihm unter einem Baum eingefallen, den er Malwida auch zeigte und zu dem er scherzend bemerkte: »Da fällt mir immer ein Gedanke herunter.«

Ersatzweise

Reinhardt von Seydlitz berichtete Nietzsche von einem Besuch in Haus Wahnfried, Wagners Residenz in Bayreuth.

»Mir ist sehr lieb und erwünscht«, erwiderte Nietzsche, »daß einer meiner Freunde Wagner Gutes und Freundliches erweist, denn ich bin immer weniger imstande, ihm – wie er nun mal ist: ein alter unveränderlicher Mann – Freunde zu machen.«

Hohe Aufgabe

Doktor Eiser behandelte 1877/78 Nietzsche, der unter Kopfschmerzen und Augenproblemen litt und außerdem in einer seelischen Krise steckte. Eiser versuchte seinen Patienten zu ermutigen, indem er ihm erzählte, daß auch er einmal an nervöser und seelischer Depression erkrankt gewesen, aber unter entsprechender Behandlung wieder vollkommen genesen sei.

»Bei Ihnen war das auch etwas anderes und schadete nichts«, erklärte Nietzsche darauf. »Aber ich darf nicht krank werden, krank sein, krank bleiben! Liegt doch auf mir die Last, die Zukunft zu bestimmen und anzuordnen, nicht für die Nation, nicht für die Menschheit, nicht für die Welt – nein, für alle Sonnensysteme und für alle künftigen Zeiten.«

Der Überlieferer, der diesen Dialog nur vom Hörensagen kannte, Eugen Kretzer, ein Student Nietzsches in Basel, behauptet, Nietzsche habe sich 1878 auch ihm gegenüber in derart geheimnisvoller Weise geäußert. Da diese Zeugnisse aber erst nach Nietzsches Zusammenbruch und in Kenntnis der zuletzt geäußerten Wahnvorstellungen niedergeschrieben wurden, muß die Frage offen bleiben, ob sich Nietzsches Großmachtvisionen schon ein Jahrzehnt vor dem Ausbruch des Wahnsinns so deutlich gezeigt haben, oder ob die Erinnerung der Überlieferer vom Wissen um das Kommenden eingefärbt worden ist.

Falscher Name

Peter Gast, der, so eng er mit Nietzsche befreundet war, stets im Verhältnis des Schülers zum Lehrer stand und den Philosophen nie anders als mit »Herr Professor« anredete, hieß eigentlich ganz anders und ließ sich von Nietzsche umbenennen. »Das Geschlecht, dem ich entstamme, ist ja wie das ganze Ostdeutschtum nicht ohne slawischen Einschlag. Ich heiße ja eigentlich Johann Heinrich Köselitz, und das bedeutet Ziegenhirt. Wir sind altes Patriziergeschlecht von Annaberg, der Stadt Adam Rieses und einstigen glänzenden Silberbergbaues. Mein Großvater war ein großer Philanthrop, Redner und Wohltäter des Gebirges, mein Vater Vizebürgermeister von Annaberg, meine Mutter eine Wienerin, so daß sich Süden und Norden freundlich in mir begegnen.«

Mit einem Namen, der Ziegenhirt bedeute, würde aber der Freund niemals Unsterblichkeit erlangen, meinte Nietzsche, und erfand das Pseudonym Peter Gast. Sich selbst einen angenehmer klingenden, weniger zischenden Namen zu geben, hat Friedrich Nietzsche aber offenbar nie erwogen.

Der Kuckuck und der Esel

Das erste musikalische Thema, das Nietzsche mit Peter Gast besprach, war der Opernstreit zwischen Gluck und Piccini, der fast hundert Jahre zurücklag. Die damals von den Vertretern der neapolitanischen Opernschule Piccinis und der französischen Reformoper Glucks eingenommenen konträren ästhetischen Positionen konnte man in gewisser Weise mit den ästhetischen Gegensätzen zwischen der romantischen Spieloper und der Wagners Musikdrama vergleichen.

Nietzsche hielt letztlich den Streit zwischen so verschiedenen ästhetischen Geschmäckern im Grunde für unausfechtbar.

»Der Kuckuck«, sagte er, »wird schwerlich zugeben, daß auch ›I-a‹ ein angemessener Seelenausdruck ist.«

Widerspruch als Methode

Ida Overbeck erinnert sich eines Gesprächs, in dem Nietzsche bekannte, daß er keinen eigentlich philosophischen Gedanken von sich aus habe, den Vorgängen der Revolution auf geistigem Gebiet aber nachhänge und zu dem Resultat gekommen sei, man könne, und so werde es eigentlich immer gemacht, durch festen Willen und hartnäckigen Fleiß das erreichen, was man sich vornehme, es müsse nur ein Gegensatz zum Geltenden festgehalten werden. Alle neuen Lehren enthielten die Umdrehung einer oder mehrerer alten.

»Ich erinnere mich dieses Gespräches ganz genau«, gab Ida Overbeck später zu Protokoll, »es war weder Scherz dabei noch sonst irgend eine Herausforderung. Ihm sei dieser Gedanke der Methode eigen.«

Barock des Christentums

Ida Overbeck kannte Nietzsche seit 1870. War die damalige Bekanntschaft zufällig und flüchtig, verstärkten sich seit ihrer Verheiratung mit Franz Overbeck die Kontakte, während sich Nietzsche zugleich mehr und mehr vom konventionellen gesellschaftlichen Verkehr zurückzog.

Ida Overbeck erinnerte sich an eine Begegnung mit Nietzsche auf der Straße. Er erzählte Ida von einem Aufsatz Renans über mittelalterliche Kunst, den er gerade gelesen hatte und versuchte auf sokratische Weise, ihr seine diesbezüglichen Auffassungen zu suggerieren. Er deutete und drängte so geschickt, bis er Ida den Begriff »Barock des Christentums« in den Mund gelegt hatte. Darauf brach er in übermütiges, lautes Lachen aus und versicherte: »So etwas ist eigentlich in mir: ein überladenes, sich selbst aufhebendes Religionsbedürfnis.«

Ida Overbeck war seinerzeit von diesem Geständnis enttäuscht. »Ich wollte es nicht haben, daß Nietzsche etwas anderes sein könne als ein Grieche und vollkommen natürlich freier Mensch«, bekannte sie später.

Ins Gefängnis

Nietzsche wurde in der Zeit, als sich sein großer geistiger Umbruch vollzog, der in *Menschliches, Allzumenschliches* seinen Niederschlag fand, sehr häufig von Selbstzweifeln geplagt. Das ging so weit, daß er einmal zu Ida Overbeck sagte: »Ich glaube, das bringt mich schließlich alles noch ins Gefängnis.«

Ida Overbeck wußte in solchen Lagen Nietzsches Gemütsverfinsterung aufzuhellen: »Ach, Herr Professor, da besuchen wir Sie ganz gewiß!«

Nicht gesund genug

Im Herbst 1878 zog sich Nietzsche immer mehr von aller Geselligkeit und allem gesellschaftlichen Verkehr zurück, er traf seine Freunde nicht mehr, und selbst seine Schwester, die ihm bislang in Basel den Haushalt geführt hatte, zog fort.

Als eigentlichen Grund für seine Zurückgezogenheit soll er seiner Schwester Elisabeth mit auf den Weg gegeben haben: »Ich bin nicht gesund genug, um beständig mit all den heimlichen Gedanken, den unausgesprochenen Widerreden meiner Freunde kämpfen zu können.«

An Wagner erkrankt

Im Februar 1880 holte Peter Gast Nietzsche in Riva am Gardasee ab, um ihn nach Venedig zu begleiten. Die Lagunenstadt war von Nietzsches Freunden zum geeignetsten Aufenthaltsort erkoren worden, um Nietzsches Leiden, die »das äußerste Depressionsmaximum seiner Vitalität« erreicht hatten, Linderung zu verschaffen.

Unmittelbar vor Gasts Ankunft hatte Nietzsche eine schwere Migräneattacke überstanden. Der stabile Zustand hielt zunächst an. Das milde Frühlingswetter tat ein Übriges.

In der Villa, wo Nietzsche und Gast wohnten, waren österreichische Offiziere einquartiert; einer von ihnen führte sogar den kompletten Klavierauszug von Wagners *Ring des Nibelungen* mit sich. Nietzsche sagte zu Gast, wenn er etwas spielen wolle, solle er nur spielen, es störe ihn nicht. Gast spielte also in dem Zimmer unter Nietzsches Schlafkammer den österreichischen Offizieren die ganze Szene mit den Rheintöchtern aus dem dritten Akt der Götterdämmerung vor.

Das war aber nun doch wieder zu viel für Nietzsche. Als Gast geendigt hatte, war Nietzsches Migräne wieder ausgebrochen. Der Philosoph beschwor seinen Freund, nie wieder Wagner hören zu lassen, er könne Musik ohnehin schwer ertragen, und erst recht nicht mehr diese.

Für Chopin büßen

Im Jahre 1880 war Nietzsche wieder einmal bei Peter Gast zu Besuch. Gast spielte ihm die Barcerole von Chopin vor, so stilvoll als er es vermochte, wie er selbst von sich behauptete. Und öfter hintereinander: »Wir beide wurden nicht satt an ihrem Klangzauber, an ihrer phantastischen Ausdeutbarkeit, an ihrer Formvollendung.«

Nietzsche spielte dann ein Stück vor, das er selbst mit 15 Jahren komponiert hatte, ebenfalls mehrmals hintereinander, worauf Gast wieder zu Chopin überging und mehrere Stücke, zuletzt die Fantasie f-moll, spielte. Zwei Stunden brachte man mit aufgeregtestem Musizieren zu.

Nietzsche, der auf musikalisch-romantische Anmutungen dieser Art bereits sehr empfindsam reagierte, meinte beim Abschied: »Das werde ich wieder zu büßen haben.«

Und tatsächlich – Peter Gast erinnert sich: »Am nächsten Tage fand ich ihn wieder vom wütendsten Schmerz ganz übermannt.«

Welt fehlt

Peter Gast gehört zu den ersten, die 1881 das neue Werk Friedrich Nietzsches, *Morgenröte,* noch im Manuskriptstadium lesen durften.

»Nietzsches Buch ist etwas ganz Großes«, verkündete Peter Gast. »Ein weltbewegendes Buch. Aber die Welt dazu fehlt noch.«

Ragout statt Rinderbraten

Draußen, in der »Welt«, war Nietzsche bald bekannter als daheim in Deutschland. Besonders stolz war Nietzsche darauf, daß man ihn in Frankreich und Rußland, in den Pariser und Petersburger Salons las. Jede noch so belanglose Bemerkung über

Nietzsche, die gelegentlich unter einen Schweizer Hoteltisch fiel, wurde von den Jüngern des Philosophen begierig aufgepickt, durch häufiges Wiedererzählen gehörig aufgeblasen und dem Meister hinterbracht. Besonders an Frankreich war ihm gelegen, wollte er doch schon als Student nach Paris pilgern, um »die göttliche Kraft des Cancan« kennenzulernen. Schon 1868 bekannte er: »Ich habe leider Neigung für das Pariser Feuilleton, für Heines Reisebilder usw. und esse ein Ragout lieber als einen Rinderbraten.«

Mantel und Maske

Im Frühjahr 1882 lernte Lou Andreas-Salomé in Italien, wo sie sich krankheitshalber aufhielt, Friedrich Nietzsche kennen. Der erste Eindruck von dem Philosophen, mit dem sie für kurze Zeit eine ebenso heftige wie unausgefüllte Beziehung unterhielt, war der eines Mannes, der sich nie so gab, wie er eigentlich war. Sie schilderte später den Eindruck des »Verborgenen und Verschwiegenen«, den Nietzsches Benehmen auf sie machte. »Im gewöhnlichen Leben war er von großer Höflichkeit und einer fast weiblichen Milde, von einem stetigen, wohlwollenden Gleichmut – er hatte Freude an den vornehmen Formen im Umgang und hielt viel auf sie. Immer aber lag darin eine Freude an der Verkleidung – Mantel und Maske für ein fast nie entblößtes Innenleben. Ich erinnere mich, daß, als ich Nietzsche zum ersten Male sprach, – es war an einem Frühlingstage in der Peterskirche zu Rom, – während der ersten Minuten das gesucht Formvolle an ihm frappierte und täuschte.«

Falsch verstanden?

Friedrich Nietzsche fühlte sich zu der selbstbewußten und intelligenten Lou Andreas-Salomé einerseits sehr hingezogen, andererseits hatte er eine tiefsitzende Furcht vor engen – und gar ehelichen – Bindungen.

In Italien hatte er Lou gesagt: »Ich würde mich verpflichtet fühlen, um Sie vor dem Gerede der Leute zu schützen, Ihnen meine Hand anzutragen.«

Nach Deutschland zurückgekehrt, fürchtete er, wie er Ida Overbeck gestand, Lou könnte diese Worte als Heiratsantrag mißverstanden haben.

Die Befürchtung war unbegründet.

Vergiß die Peitsche nicht

Die Beziehungen Nietzsches zu Lou Andreas-Salomé verliefen, wie man Nietzsches Mutter berichtete, nicht im üblichen bürgerlichen Rahmen. Berichterstatterin war im übrigen das Lama, Friedrichs furchtbare Schwester Elisabeth, die von der ersten Begegnung an zur eingeschworenen Feindin Lous wurde. Abgesehen davon, daß Nietzsche und Paul Rée, den Elisabeth ebenfalls nicht leiden konnte, und Lou stets ein – offenbar ungleichschenkliges – Dreieck bildeten, wurden von einer Begegnung im August 1882, als sich Nietzsche mit Lou Andreas-Salomé im thüringischen Tautenburg traf, der Mutter »unanständige Gespräche« hinterbracht, die sich gar um so ungeheuerliche Dinge wie »Bisexualität« und »Sadomasochismus« drehten. Besonders empört war Nietzsches Mutter über ein Foto, das Nietzsche und Paul Rée zeigt, wie sie ein Wägelchen ziehen, in dem Lou als Lenkerin sitzt – die Peitsche schwingend.

Flieder an der Peitsche

Nietzsche hatte Paul Rée gebeten, bei Lou Andreas-Salomé für ihn zu werben und gleichsam den Hochzeitsbitter zu spielen. Das Ergebnis dürfte nicht Nietzsches Vorstellungen entsprochen haben, Lou liierte sich mit Paul Rée. Das Bild, das so viel Skandal machte, entstand in dieser Situation auf folgende Weise, wie Lou berichtete:

»Nachdem wir Italien verlassen, machte Nietzsche einen Sprung zu Overbecks in Basel, kam aber von dort gleich nochmals mit uns in Luzern zusammen, weil ihm nun hinterher Paul Rées römische Fürsprache für ihn ungenügend erschien und er sich persönlich mit mir aussprechen wollte, was dann im Luzerner Löwengarten geschah. Gleichzeitig betrieb Nietzsche auch die Bildaufnahme von uns dreien, trotz heftigem Widerstreben von Paul Rée, der lebenslang einen krankhaften Abscheu vor der Wiedergabe seines Gesichts behielt. Nietzsche, in übermütiger Stimmung, bestand nicht nur darauf, sondern befaßte sich persönlich und eifrig mit dem Zustandekommen von den Einzelheiten – wie dem kleinen (zu klein geratenen!) Leiterwagen, sogar dem Kitsch des Fliederzweiges an der Peitsche usw.«

Heftigster Anfall

Während des seltsamen Tautenburger Triangulums wurde Nietzsche von einer starken Migräneattacke heimgesucht. Er schrieb an Lou Andreas-Salomé einen Zettel, dessen Handschrift – verglichen mit anderen Handschriftenproben aus dieser Zeit – bereits an die Wahnsinnszettel unmittelbar vor dem Zusammenbruch in Turin denken läßt. Auch der Inhalt klang ähnlich dramatisch. Nietzsche schrieb: »Zu Bett Heftigster Anfall Ich verachte das Leben F N«

Zwei Teufel im Gespräch

Lou Andreas-Salomé erinnerte sich der Tautenburger Wochen, indem sie den sonst eher scheuen, wortkargen und zurückhaltenden Nietzsche als einen ausdauernden und intensiven Gesprächspartner zeigte: »Wir sprechen uns diese drei Wochen förmlich tot, und sonderbarerweise hält er es jetzt plötzlich aus, zirka zehn Stunden täglich zu verplaudern.«

Worüber gesprochen wurde? Es scheint um eine bestimmte Art von Religiosität gegangen zu sein; Lou sah in Nietzsches zoroastrischem Liebeswerben die Verkündigung einer neuen Religion. »Seltsam, daß wir unwillkürlich mit unseren Gesprächen in die Abgründe geraten, an jene schwindligen Stellen, wohin man wohl einmal geklettert ist, um in die Tiefe zu schauen. Wir haben stets die Gemsenstiegen gewählt, und wenn uns jemand zugehört hätte, er würde geglaubt haben, zwei Teufel unterhielten sich.«

Zarathustra versus Gesangbuch

Nietzsches Verhältnis zum Christentum war – gelinde gesagt – sehr gespannt. Mit dem Kirchenleben gar, wie seine Mutter es pflegte, hatte er gar nichts im Sinn. Um so mehr muß es ihn geschmerzt haben, daß sich die Drucklegung des ersten Teils seiner philosophischen Dichtung *Also sprach Zarathustra,* die er selbst als eine Art Bibel des neuen Menschheitszeitalters ansah, dessen Anbruch er, Nietzsche, zu verkünden hätte, länger und länger verzögerte. Sein Leipziger Verleger Teubner war auf Monate mit der Abwicklung eines Großauftrags ausgelastet – 500 000 Gesangbücher für die evangelisch-lutherische Landeskirche.

Vielleicht als Drama?

Im Sommer 1884 kehrt Nietzsche aus Italien nach Sils-Maria – wie er selbst sagt: zur Vernunft – zurück. Dort trifft er auch mit Jacob Burckhardt zusammen, dem er zuvor ein Exemplar des *Zarathustra* geschickt hatte. Burckhardt gerät in Verlegenheit, als Nietzsche in ihn dringt, seine Meinung zu dieser Neuerscheinung zu sagen. Schließlich zieht er sich aus der Affäre, indem er fragt: »Wollen Sie es nicht einmal mit dem Drama versuchen?«

Mit Pauken und Trompeten

Ende 1884 bemühte sich Nietzsche in Zürich, um die Aufführung von Peter Gasts Ouvertüre zur Oper *Der Löwe von Venedig*, die dann auch tatsächlich, unter der Leitung des Komponisten, zustande kam. Zuvor aber mußte sich Nietzsche von dem Dirigenten Friedrich Hegar, dem er Namen und Identität des Komponisten verschwiegen hatte, wenig Schmeichelhaftes über seinen musikalischen Freund anhören. Dieser Komponist, meinte Hegar, müsse wohl Kapellmeister beim Militär sein, denn er habe wenig Zutrauen zu den Streichern und wolle alles mit Trompeten machen.

Na, gottlob!

In den achtziger Jahren machte ein Kurgast in Sils-Maria die Bekanntschaft Nietzsches. Eines Tages bemerkte er, daß einem Spaziergänger, hinter dem er her ging, ein Brief entglitt; er beeilte sich, den Brief aufzuheben und dem Spaziergänger zurückzugeben, der sich auch artig bedankte: »Ja, gewiß, den Brief habe ich verloren. Ich danke Ihnen verbindlichst.« Und nach einigen Schritten wandte er sich erneut zu dem Kurgast um und sagte: »Sie haben mir einen sehr großen Dienst erwiesen, ich hätte den Brief sehr ungern verloren. Danke Ihnen nochmals für Ihre Freundlichkeit.«

Der Spaziergänger lüftete seinen Hut und murmelte seinen Namen, der so ähnlich klang, wie der Namenszug, den der Kurgast auf dem Brief wahrgenommen hatte. Der Kurgast nutzte die Gelegenheit, um den einsamen Spaziergänger zu fragen: »Sind Sie vielleicht ein Verwandter des berühmten Philosophen Nietzsche?« Der Spaziergänger blickte den Kurgast prüfend an und sagte dann: »Nein, verwandt bin ich mit ihm nicht.«

»Na, gottlob«, entfuhr es dem Kurgast.

Wieder musterte ihn der andere prüfend: »Sie lieben also den Philosophen nicht?«

»Nein!«

»Was hat Ihnen denn der Mann getan?«

»Ja, getan hat mir der Mann natürlich nichts«, erwiderte der Kurgast. »Ich ärgere mich, daß der Mann immer so schreibt, als wenn die ganze Menschheit nur aus Universitätsprofessoren der Philosophie bestünde. Kann denn nicht auch ein Philosophieprofessor so schreiben, daß es ein Durchschnittsmensch ohne spezielle philosophische Schulung auch verstehen kann?«

Der Spaziergänger blieb schließlich stehen und sagte lächelnd: »Wir wollen lieber nicht Verstecken spielen. Sie haben ganz recht gehabt, wenn Sie bei meinem Anblick an den Philosophen Nietzsche gedacht haben. Verwandt bin ich nun wirklich nicht mit Ihrem Nietzsche, denn ich bin es selbst, den Sie als berühmten Philosophen zu qualifizieren beliebten.«

Der Kurgast war sehr überrascht und begrüßte den Spaziergänger nun nachträglich – trotz oder wegen der eingangs geäußerten Kritik – mit demonstrativer Ehrerbietung.

Später erklärte dieser Zeitzeuge, er habe seinerzeit den Eindruck gehabt, »daß ihn diese unwillkürliche Huldigung eines so unbedeutenden jungen Menschen, sagen wir mal, nicht unangenehm berührte. Woraus ich stillschweigend den Schluß zog, daß auch die großen Geister von der allgemeinen Beigabe menschlicher Eitelkeit nicht ganz frei sind.«

Heilsame Wirkung

Nietzsche bewohnte das Hotel zur Alpenrose gleichzeitig mit einer alten adeligen Dame aus Rußland, Madame Mansurowa, die einst Hofdame am Zarenhof gewesen war, später einen nervösen Zusammenbruch erlitten hatte und nachfolgend an schweren Zwangsvorstellungen litt. Im September, als der Herbst sich ankündigte, hatten Freunde der Mansurowa der Patientin jeden Morgen einen Wagen vor das Hotel bestellt, um sie unter die wärmere Sonne Italiens zu verfrachten. Indes weigerte sich die Mansurowa, ihr Zimmer zu verlassen, und so mußte der Wagen jeden Morgen wieder unverrichteter Dinge wegfahren.

Nietzsche, der auf die seltsamen Vorgänge am Hotelportal aufmerksam geworden war, mischte sich schließlich ein und sagte zu den besorgten Freunden der Mansurowa: »Überlassen Sie die Dame einmal mir.«

Am darauffolgenden Vormittag, als der Wagen wieder vorgefahren war, erschien Nietzsche am Hotelportal, die Mansurowa am Arm führend, die sich, von ihm geleitet, folgsam in den Wagen setzte und sich nach Italien chauffieren ließ.

Die Hotelgäste haben nie herausbekommen, wie Nietzsche diesen Sinneswandel bei der Dame, die gewöhnlich bockig wurde und zu toben anfing, wenn man das Wort »Abfahrt« nur erwähnte, am Ende erreicht hatte.

»Die berühmte Peitsche hat er sicherlich nicht gebraucht!« kommentierte einer der Zeitzeugen dieser Vorgänge später.

Rache der Philosophie

Jener junge Mann, der Nietzsche in Sils-Maria einen verlorenen Brief zurückgebracht hatte, gestand Nietzsche, daß er einmal aus purer Neugier in ein Kolleg des Münchener Philosophen Frohschammer gegangen sei, während dem er sich fürchterlich langweilte; aber nach dem Kolleg habe Frohschammer ihn angesprochen, ob er die Absicht habe, von nun an sein Kolleg regelmäßig zu besuchen. Als junger Fuchs habe er nicht den Mumm gehabt, dem Professor zu widersprechen und sei fortan in sterbenslangweiligen Vorlesungen gefangen gewesen, deren Sinn er nicht verstanden habe, hätte dafür aber die sehr angenehme persönliche Nähe des alten Herrn erfahren. Nietzsche lachte bei dieser Schilderung: »Das ist die Rache der Philosophie dafür, daß man nicht an sie glaubt.«

Schließlich tröstete er den jungen Bekannten: »Ich verstehe übrigens die Philosophie Frohschammers auch nicht, und ich bezweifle, daß Frohschammer selbst sie versteht.«

Entsetzliches Deutsch

Nietzsche verehrte den Schriftsteller Gottfried Keller, den er viel höher schätzte als den Sprachvirtuosen Conrad Ferdinand Meyer.

Nietzsche hatte endlich Gelegenheit, Gottfried Keller auch persönlich kennenzulernen. Nachdem der Besuch stattgefunden hatte, fragte ihn der Pianist Robert Freund auf einem Spaziergang, wie er den alten Keller denn gefunden hätte.

Es sei sehr nett gewesen, meinte Nietzsche leicht verlegen, aber erschreckt habe ihn »das entsetzliche Deutsch«, das Keller spreche, und die mühsame Art, mit der sich der große Schriftsteller mündlich ausdrücke.

Freund, der auch Keller kannte, fragte kurz darauf, wie der Schriftsteller denn den Philosophen Nietzsche gefunden hätte. Gottfried Keller bedachte sich kurz und knurrte dann: »Ich glaube, dä Kerl ischt verruckt!«

Ausflugsziel

Nietzsche schlug einem Bekannten einen Ausflug nach Monte Carlo und einen Besuch des dortigen Spielcasinos vor.

Der Bekannte entrüstete sich fürchterlich, er könne in einer solchen Atmosphäre nicht atmen und wolle solche würdelosen Menschen, die sich dort versammeln, nicht sehen.

Nietzsche amüsierte sich über die heftige Entrüstung seines Gesprächspartners und meinte: »Es ist doch ein interessantes Studium, sich dieses Casinopublikum näher anzusehen: Menschen verschiedener Nationalitäten und verschiedener Klassen, die meisten ruiniert, sei es an Ehre, an Gesundheit oder am Beutel.«

Dem blauen Himmel nach

Der Schriftsteller Paul Lanzky, der mit Nietzsche Mitte der achtziger Jahre Bekanntschaft schloß, schildert die manische Reiseleidenschaft des Philosophen. »Angeblich vertrug er das Klima im Norden nicht, aber er blieb auch im Süden nicht sehr lang an einem Ort. Als er beispielsweise den dritten Teil des ›Zarathustra‹ schrieb, der ein Gedicht ist, keine Philosophie, da geriet er in eine zunehmende Aufregung. Nach dem letzten Blatt reiste er fort. Er hatte eine Manie. Er reiste dem blauen Himmel nach. Er wollte immer fort, sobald Wolken kamen, er hatte gegen ziehende Wolken einen Widerwillen bis zum Haß.«

Nicht um Geld

Nietzsche unterhielt sich mit Paul Lanzky im Englischen Garten zu Nizza. Nietzsche sagte: »Wenn ich Macht hätte, dann fühlte ich in mir die Kraft, alle Staaten Europas umzuwälzen. So aber habe ich dreitausend Mark Pension, tausend Mark extra auf fünf Jahre, einen faulen Verleger und kann, wenn ich Glück habe, eines Tages verhungern. Ich beginge lieber Selbstmord, ehe ich um Geld schreiben würde. Stellen Sie mir einmal eine ehrliche Prognose, wie ich nach Ihrer Meinung einmal enden werde.«

»Wenn Sie so weitermachen«, sagte Lanzky, »werden Sie im Wahnsinn enden.«

Nietzsche erwiderte: »Wenn ich wahnsinnig werde, komme ich dem Schicksal zuvor und bringe mich um.«

Sesam öffne dich!

Im Sommer 1885 weilte Nietzsche zum letzten Mal für längere Zeit in Leipzig, wo er bei der Familie Janicaud in der Auenstraße 32 ein kleines, ruhiges Zimmer, mit dem Blick über Gärten und Wiesen hinweg nach Rosental, zum Arbeiten nahm.

Nietzsche war zu dieser Zeit ein leidenschaftlicher Weinliebhaber. Allerdings liebte er ihn nicht gekeltert und auf Flaschen gezogen, sondern naturbelassen, in Form von frischen Trauben. Seine Mutter schickte ihm im Herbst, zur Lesezeit aus Naumburg ein Kistchen mit frisch geernteten Weintrauben. Nietzsche war in froher Erwartung. Jedoch erwies es sich als Hindernis, daß Mutter Franziska das Kistchen sorgfältig zugenagelt hatte, damit der Wein auf dem Transportweg keinen Schaden nehme. Friedrich Nietzsche gab sich redliche Mühe, an die Köstlichkeiten in der Kiste zu gelangen, aber seine handwerklichen Fertigkeiten waren überfordert. Schließlich überreichte er das Kistchen der Frau des Hauses, die es im Beisein sämtlicher Familienmitglieder mit wenigen Handgriffen öffnete.

Kulturwidrigste Krankheit

Nietzsche hielt seiner Schwester des öfteren die Geistes- und Gesinnungsgemeinschaft mit ihrem Mann, dem Nationalisten und Antisemiten Bernhard Förster, vor. Für ihn war der Nationalismus die »kulturwidrigste Krankheit dieses Jahrhunderts«. Von sich selbst behauptete er, daß »Nationalitätenwahnsinn und Vaterlandstölpelei« für ihn »ohne Zauber« wären. Ein anderes Mal brach es aus ihm heraus: »Der Nationalismus hat in Frankreich den Charakter und in Deutschland den Geist verdorben.«

Nur allzu sehr beeilten sich beide Nationen, diese These Nietzsches in der Praxis zu beweisen.

Dann kam der Parsifal

Im Herbst 1885, bevor sie mit ihrem Mann, Bernhard Förster, nach Paraguay ging, weilte Nietzsches Schwester Elisabeth noch einmal mehrere Wochen in Naumburg im Haus der Mutter. Dort traf sie sich auch mit ihrem Bruder. Nach eigenem Zeugnis wollte Elisabeth ihn Bruder mit den Wagner-Schopenhauerschen Ansichten wieder versöhnen. So klagte sie: »Ach, ich wollte, Wagner wäre zwanzig Jahre jünger gewesen, als du ihn kennen lerntest, ich glaube immer, du hättest ihn zu deinen Ideen bekehrt; mich dünkt, deine Ansichten waren im Grunde viel geeigneter für ihn als Schopenhauers; zu den Stoffen aus den nordischen Mythen passen sie nun ganz gewiß besser.«

»Das habe ich auch vor zehn, ja noch vor sieben Jahren geglaubt und gehofft«, antwortete Friedrich Nietzsche. »Aber dann kam der Parsifal und zerstörte jede Hoffnung, ja jede Möglichkeit. Inzwischen aber habe ich eingesehen, daß dieser Glaube ein vollkommener Irrtum war. Unser innerstes Wesen war so grundverschieden, das mußte uns früher oder später trennen.«

»Blauer Himmel über mir ...«

Paul Deussen besuchte Nietzsche, nach vierzehn Jahren der Trennung, im Oktober 1887 in Sils-Maria. Er fand den Philosophen stark verändert. Nichts mehr von der stolzen Haltung, dem elastischen Gang und der fließenden Rede von ehedem konnte er bemerken; der Gang war schleppend, die Haltung gebeugt und der Fluß der Rede war schon erschreckend oft schwerfällig und stockend.

Statt philosophische Gespräche zu führen, führte Nietzsche den Jugendfreund zu seinen Lieblingsplätzen. »Lieber Freund«, sagte er wehmütig, »ich muß blauen Himmel über mir haben, wenn ich meine Gedanken sammeln soll.«

Reisebekanntschaft

An einer Poststation in den Tiroler Alpen begegnete Nietzsche einem großen breitschultrigen Mann, der nach Kleidung und Sprache aus Lateinamerika stammen mußte. Der Fremde befand sich bald im Gespräch mit Nietzsche, und der sonst so zurückhaltende Philosoph ging, da er ungeheucheltes Interesse bemerkte, regelrecht aus sich heraus. Um das Gespräch fortsetzen zu können, bot der Fremde Nietzsche einen Platz in seinem Wagen an. Die beiden Herren unternahmen also, in anregendste Unterhaltung vertieft, eine Fahrt durchs Gebirge. Nietzsche, der an der nächsten Poststation ausstieg, erkundigte sich bei den Beamten nach dem Namen des Mannes, den er angesichts der respektvollen Ehrenbezeigungen, die ihm erwiesen worden waren, für einen hochrangigen spanischen Adligen gehalten hatte. Zu seiner nicht geringen Überraschung wurde er darüber aufgeklärt, daß der Gesprächspartner und Reisegefährte Pedro II., der Kaiser von Brasilien, gewesen war.

Goethe tut wohl

Nietzsche war ein großer Verehrer Goethes. Bei Meta von Salis sah er einmal drei Goethe-Jahrbücher liegen. Er blätterte darin und borgte sie sich schließlich aus. Als er sie zurückbrachte, sagte er: »Es wird einem in der Nähe dieses Großen immer wohl.«

Höfliche Bitte

Im Sommer 1888 traf Nietzsche Meta von Salis in Sils-Maria wieder. Da er in diesem Sommer sowohl durch Krankheitsanfälle behindert war als auch mehrere Male vergeblich das Quartier seiner Verehrerin aufgesucht hatte, bemerkte er, als es endlich zum Treffen kam: »Ich habe wohl gar keine Chance mehr mit Ihnen?«

Meta von Salis versicherte scherzhaft: »Sie sollten mir nur ein wenig den Hof machen, das ist Ihnen recht gesund.«

Auge um Auge

Nietzsche verkehrte mit den Hotelgästen des Hauses Alpenrose fast überhaupt nicht; er nahm auch das Mittagessen nicht an der Table d'hôte ein, sondern für sich allein im anonymen Touristenrestaurant.

Eine Ausnahme im Umgang mit anderen machte er gelegentlich mit älteren Damen. So schenkte er einer Britin, Mrs. Fynn, seine Aufmerksamkeit und begutachtete die Malerei ihrer Tochter. Einmal, als er die Tochter an einem Blumenstück arbeiten sah, meinte er, es gehöre noch etwas Häßliches in das Bild, um die Schönheit der Blumen gebührend zu erhöhen. Er überbrachte ihr denn auch eines Morgens in einem Glas eine lebendige Kröte, die indes nicht still Modell sitzen wollte, wie es sich für ein Blumenstück gehört, sondern – zum Entsetzen der Damen – umgehend das Weite suchte und im Zimmer herumhüpfte.

Die beiden Damen wußten sich für den Überfall mit der Kröte zu rächen. An einem anderen Morgen überreichten Sie Nietzsche ein verschlossenes Töpfchen, das dem Augenschein nach Konfitüre enthalten mußte. Als der kurzsichtige Nietzsche das Töpfchen mühsam geöffnet hatte und sich den Inhalt, um ihn zu begutachten, ganz nah vor Augen hielt, sprangen ihm auf einmal ein Halbdutzend Heuschrecken entgegen.

Europas Flachland Deutschland

Nietzsche wurde zu Lebzeiten in Deutschland mehr angefeindet als verstanden, ja, kaum noch – die Absatzzahlen seiner Bücher beweisen es – in nennenswertem Umfang gelesen. Dennoch war seine Wirkung bei den verschiedensten geistigen und politischen Strömungen – mehr unterirdisch als offenbar – größer als erwartet. »Wer mich heute in Deutschland liest«, meinte Nietzsche, »hat sich gründlich vorher, gleich mir selber, entdeckt: man kennt meine Formel, gut deutsch sein heißt sich entdeutschen, oder ist – eine kleine Distinktion unter Deutschen – jüdischer Herkunft.«

Auch im Ausland ist seine Wirkung beträchtlich. »Mein Stolz ist«, sagt er, »daß man mich überall liebt und auszeichnet, außer in Europas Flachland Deutschland.«

Nietzsche hatte recht. Meyers Enzyklopädie in der Ausgabe von 1889 erwähnt seinen Namen nicht, obwohl bereits sein gesamtes literarisches Werk, sofern er es selbst vollenden konnte, abgeschlossen vorlag.

Hinreichende Auskunft

Nietzsche befand sich im Gespräch mit einem befreundeten Ehepaar. Nach einiger Zeit mischte sich ein weiterer Gesprächspartner ein, der nicht nur seine Kunstansichten ungefragt zum Besten gab, sondern auch seine Visitenkarte, auf der sein Name mit dem »staatlich beglaubigten Grade seiner Weisheit«, wie die Augenzeugin berichtete, verziert war.

Als sich der Herr Akademiker verabschiedete, der ein Mann der Ordnung war, wollte er wissen, mit wem er es zu tun gehabt habe.

Nietzsche, statt ihm seine Karte zu geben, antwortete ihm: »Bei mir müssen Sie sich damit begnügen, daß ich auch ein Europäer bin wie Sie.«

Des Leibes Pflege

Einmal ging Nietzsche mit dem Theologieprofessor Julius Kaftan im Engadiner Gebirge spazieren. Nietzsche setzte seinem Begleiter irgendein Küchenrezept sehr eingehend auseinander; es handelte sich um eine Speise, die er im Gegensatz zu den an der Table d'hôte gereichten Gerichten mit seinem empfindlichen Magen gut vertrüge.

Kaftan fand die Situation schließlich zu komisch. »Das wäre etwas für die Fliegenden Blätter«, sagte er, »daß wir Professoren hier laufen und uns über Küchenrezepte unterhalten.« Nietzsche wurde ob dieser Einlassung ernstlich böse. Es sei Frevel, des Leibes Pflege zu vernachlässigen. Und setzte seinen Vortrag nur um so ernsthafter fort.

Teurer Freund

Durch die Vermittlung von Georg Brandes hatte Nietzsche im Herbst 1888 Verbindung mit August Strindberg aufgenommen. Strindberg las begeistert Nietzsches Schriften, und Nietzsche war von Strindbergs Dramen, die er in französischer Übersetzung las, außerordentlich angetan.

Wie überrascht war er, als er erfuhr, daß Strindberg selbst sie in ausgezeichnetes Französisch übertragen hatte, da er stets befürchtete, daß Übersetzer seinen Stil entsprechend der konventionellen Rhetorik »verbessern« würden.

Nietzsche trug dem Schweden daraufhin die Übersetzung seines eben fertiggestellten *Ecce Homo* ins Französische an, bekam aber eine ernüchternde Antwort.

Leider, erwiderte Strindberg, wäre eine gute Übersetzung eine Frage des Geldes, er habe Frau, drei Kinder und zwei Dienstboten zu ernähren, und da er an Nietzsches Werk als Dichter tätig werden müsse, könne er ihm leider keinen Rabatt geben.

Aristokratischer Radikalismus

Der dänische Schriftsteller und Philosoph Georg Brandes geriet, ebenso wie eine Reihe deutscher Intellektueller, wie Arno Holz, Hermann Conradi oder Christian Morgenstern, in den achtziger Jahren unter den Einfluß der Ideen Nietzsches. In einem Aufsatz für die Deutsche Rundschau nannte er Nietzsches Philosophie »aristokratischen Radikalismus«.

»Das ist«, sagte Nietzsche, »das gescheiteste Wort, das ich bisher über mich gelesen habe.«

Theologe, Philosoph und Dentist

Overbeck war, aufgescheucht durch ein Telegramm von Nietzsches Turiner Wirt Davide Fino und durch Jacob Burckhardt, der von Nietzsche bedenkliche »Wahnsinnszettel« bekommen hatte, nach Turin gereist, um Nietzsche möglichst ohne Aufsehen nach Basel zu überführen.

In Turin versicherte er sich der Hilfe eines Mannes, der Psychiater zu sein vorgab, in Wirklichkeit aber Dentist war – Leopold Bettmann. Nichtsdestotrotz war Bettmann für Overbeck eine große Hilfe; ohne ihn wäre es dem nicht gelungen, Nietzsche zum Aufstehen zu bewegen und zum Bahnhof zu geleiten, geschweige denn, den Kranken während der Zugfahrt ruhigzustellen.

Nietzsche war nur ungern aus Turin abgefahren, es bedurfte der Überredungskunst Bettmanns, der im Umgang mit psychisch Kranken offenbar tatsächlich Erfahrung hatte und den richtigen Ton traf, ihn dazu zu bewegen. Nietzsche wünschte sich zum Abschied – quasi als Zeichen, daß er bald wiederzukommen beabsichtigte – die Nachtmütze seines Wirtes Fino. Mit dieser Nachtmütze geschmückt geleiteten der schmächtige Overbeck und der zupackende Bettmann Nietzsche zum Zug. Im Abteil wünschte man, aus begreiflichen Gründen, nicht mit anderen Fahrgästen in Kontakt zu treten. Bettmann hatte sich zu diesem Zweck – seinem Berufsstand gemäß – ein falsches Gebiß über die Zähne geschoben. Dieses Gebiß verlieh ihm ein so abstoßend häßliches, an einen Vampir erinnerndes Aussehen, daß die seltsame Reisegesellschaft – ein schlotternder Theologe, ein durchgeknallter Philosoph und ein vampiristischer Dentist – tatsächlich bis Basel unbehelligt blieb.

Overbeck nahm die ganze Angelegenheit stark mit und er zeigte sich der Situation so wenig gewachsen, daß Bettmann später erzählte, Overbeck habe am Ende der Reise auf ihn einen viel »einlieferungswürdigeren« Eindruck gemacht als Nietzsche.

Verschenkter Ofen

Nietzsche, der seit Herbst 1888 wieder in Turin lebte, wollte sich aus Deutschland, aus Dresden, einen schönen Ofen kommen lassen – eine Carbon-Natrium-Heizung ohne Rauch und ohne Schornstein, die im übrigen von den piemontesischen Behörden, die dieses Verfahren für gefährlich hielten, verboten wurde.

»Der Tag, an dem er ihn mit einigen Säcken dazu passender Kohle erhielt, war ein Fest für ihn«, behauptet ein zeitgenössischer Bericht.

Seine Gastgeber, die Eheleute Fino, reagierten etwas verwundert, um nicht zu sagen pikiert, schließlich habe Nietzsche bei ihnen nicht frieren müssen, und dergleichen Öfen gab es, abgesehen davon, daß sie verboten waren, in Turin auch.

Hierauf hätte Nietzsche, heißt es, seinen Ofen den Eheleuten Fino kurzerhand zum Geschenk gemacht: Sie sollten nicht unter der Kälte leiden und er wünsche seinen Dank abzustatten für ihre höfliche Aufmerksamkeit.

Spielt mit Pfennigmünzen

Nach dem Zusammenbruch in Turin am 3. Januar 1889 holte Franz Overbeck den Kranken zunächst am 10. Januar nach Basel und ließ ihn in die dortige Nervenklinik einweisen. Eine Woche später wurde er auf Wunsch der Mutter in die Psychiatrische Klinik der Universität Jena überführt.

Im Mai 1890 holte ihn die Mutter zur dauernden Pflege zu sich nach Naumburg. Sie wollte die Ursache des Zusammenbruchs – eine durch die frühe luëtische Infektion ausgelöste Paralyse – ebenso wenig akzeptieren wie später die Schwester; sie glaubte, ihren Herzensfritz durch Ruhe und Schonung und durch ausgedehnte Spaziergänge an frischer Luft wieder gesund pflegen zu können.

»Es war reizend zu sehen, wie er sich benahm, wenn

er ausgeführt wurde. Die Mutter umschlang er wie ein Kind, während das Mädchen ihn nur am Arme führen durfte«, heißt es in einem zeitgenössischen Bericht. »Er ging stolz und aufrecht und ließ sich nur anreden mit ›Wollen Herr Professor …‹« Er selber kommandierte seine Umgebung im Leutnantston.

Nietzsches Cousine berichtet über den Kranken im Sommer 1890: »Fritz spielt mit Pfennigmünzen, und die Mutter muß ihn, wie als Kind, in die Kirche führen, wo er sich einzig ruhig fühlt.«

Ein paradoxes Ende, den Propheten des Antichrist auf der Kirchenbank in Naumburg zu sehen.

Schlechtes Wetter

Friedrich Nietzsche war bei der Einweisung in die Kantonale Irrenanstalt Basel sehr ruhig, ja geradezu freundlich. Er bedauerte auf dem Wege zur Untersuchung, dass so schlechtes Wetter sei. Er sagte zu Overbeck und den untersuchenden Ärzten: »Ich will euch, ihr guten Leute, morgen das herrlichste Wetter machen.«

Unendlich wohl

Nach zwei Tagen der Beobachtung in der Baseler Klinik und nach reichlichen Gaben von Beruhigungsmitteln hatte Nietzsche endlich ein paar Stunden geschlafen. Nach seinem Befinden gefragt, teilte er mit, er fühle sich so unendlich wohl, daß er dies höchstens in Musik ausdrücken könne.

Der Tyrann von Turin

Am 14. Januar 1889, vier Tage nach der Einlieferung in das Baseler Irrenhaus, bekam Nietzsche Besuch von seiner Mutter. Er lief bei deren Eintreten auf sie zu, umarmte sie herzlich und rief: »Ach, meine liebe, gute Mama, es freut mich sehr, dich zu sehen.«

Wie die Krankenakte vermerkt, unterhielt sich Nietzsche »ganz korrekt« längere Zeit über Familienangelegenheiten, bis er plötzlich ausbrach: »Sieh in mir den Tyrannen von Turin!«

Von da an redete er nur noch verworrenes Zeug, und der Besuch der Mutter mußte abgebrochen werden.

In Pension

Vom 18. Januar 1889 bis 24 März 1890 war Nietzsche in der »Irren-Heil- und Pflegeanstalt zu Jena« unter ärztlicher Beobachtung. Sein Befinden war sehr wechselhaft. Phasen hoher Erregung, in denen er unverständliche Worte rief, sang und tanzte und auch nachts so stark lärmte, daß er häufig isoliert werden mußte, wechselten mit ruhigeren Phasen, in denen er wußte, wo er sich befand und ein relativ klares Krankheitsbewußtsein hatte. Die behandelnden Ärzte hielten eine zeitweilige Remission für zumindest nicht ausgeschlossen.

Häufig verlor oder verlegte er in dieser Zeit Taschentücher, Bleistifte und andere persönliche Gegenstände. Als er im August 1889 sein Notizbuch verloren hatte, äußerte er: »Das hat sich auf eigne Faust in Pension gegeben.«

Professor Nietzsche

Ein Mitpatient in der Heilanstalt von Jena hat später seine Eindrücke von Friedrich Nietzsche für eine Zeitung geschildert. »Am meisten interessierte mich ein Patient, der immer ruhig und für sich war und gedruckte Zettel in der Hand hielt, worauf stand: Professor Friedrich Nietzsche, diesen Namen nannte er täglich öfter. Er hatte keinen Wärter für sich zur Verfügung. Er war im allgemeinen Aufsichtssaal, des Nachts wurde er meistens isoliert. Früh um sechs Uhr stand er auf und wusch sich im allgemeinen Waschraum. Hier mußte man aufpassen, daß er nicht einen Anstaltskamm einsteckte. Am meisten interessierte ihn eine Anstaltsmütze, eine sogenannte Fortschrittsmütze, die er von früh bis abends auf hatte, die durfte ihm niemand nehmen. Hielt Professor Binswanger einen Rundgang und Herr Nietzsche hatte gute Laune, so stand er auf und nahm die Mütze ab; hatte er schlechte, so blieb er sitzen. Am meisten ärgerte er sich, wenn er nach einem Spaziergang visitiert wurde, da fand man Steine und alles mögliche in seinen Rocktaschen. Baden tat er sehr gern; wenn er vermißt wurde, brauchte man ihn nur im Badezimmer zu suchen. Ich hatte ihn einmal, als er ruhig dasaß, abgezeichnet. Als ich fertig war, gab ich ihm das Bild. Er stand auf, drückte mir die Hand und sagte für sich: Professor Nietzsche.«

Der Fall Nietzsche

Professor Otto Binswanger stellte in seinen Vorlesungen auch immer wieder interessante Fälle vor. Einer dieser Fälle war ein schnauzbärtiger Mann Mitte Vierzig, den Binswanger als »Herrn Professor Nietzsche« vorstellte. Die Nennung dieses Namens löste damals – 1889/90 – im Auditorium kaum Reaktionen aus; Nietzsche war als Philosoph und Schriftsteller in Deutschland nahezu unbekannt.

Wenn Nietzsche einen guten Tag hatte, ließ sich Binswanger darauf ein, die Vorgeschichte im Dialog mit dem Kranken darzulegen. Der Patient schien, wie ehemalige Studenten, die der Vorlesung seinerzeit beigewohnt hatten, berichteten, durchaus bei klarem Bewußtsein und gutem Erinnerungsvermögen zu sein. Er sprach in knappen Sätzen voll »eigentümlicher Wortkombinationen und kunstreicher Antithesen« – doch führte er seine Darlegungen leider nicht zu Ende. »Mitten in einem Satz riß ihm der Gedankenfaden, und er versank in Schweigen.«

Binswanger wollte den Studenten nun motorische Störungen in der Gangart des Patienten demonstrieren. Er forderte Nietzsche auf, im Zimmer auf und ab zu gehen. Nietzsche schlurfte so langsam und lustlos durch den Hörsaal, daß es nicht gelang, das zu Demonstrierende zu erkennen.

Binswanger wandte sich an Nietzsche: »Nun, Herr Professor, ein alter Soldat wie Sie, der wird doch ordentlich marschieren können.«

Bei der Erinnerung an seine Militärzeit straffte sich

Nietzsche und marschierte gehorsam festen Schrittes durch den Hörsaal, so daß die Studenten die motorische Störung, die Binswanger vorführen wollte, nun begutachten konnten.

Wärter!

Julius Langbehn war stramm deutschnational und Lyriker. Er dichtete so Ergreifendes wie »Des Werdens Strom ergießt der Mann/ In seines Weibes Schoß / Und neues Leben ringt sich dann / Aus ihrem Leibe los« oder »Schlingt um ihren Hals die starken Arme;/ Beuget seine Hüften auf die ihren/ Und ergießt die süße Kraft in sie«.

Nachdem er dieses in Dresden hatte drucken, binden und mit Goldschnitt versiegeln lassen, glaubte er plötzlich, Friedrich Nietzsche etwas schuldig zu sein – was insofern stimmte, als er den Titel seines opus magnum, *Rembrandt als Erzieher*, von Nietzsches Unzeitgemäßer Betrachtungen drittem Stück, *Schopenhauer als Erzieher*, abgekupfert hatte – und entschloß sich, ihn aus der Umnachtung zu erretten.

Im Spätjahr 1889 schlich er sich unter dem Vorwand, ein naher Freund und Schüler des Philosophen zu sein, in die Jenaer Klinik ein, in der Nietzsche seit seinem Zusammenbruch betreut wurde.

Die Ärzte ließen ihn gewähren. Langbehn durfte Nietzsche auf dem Zimmer besuchen, mit ihm ausgedehnte Spaziergänge unternehmen und hinter dem Rücken der Ärzte sogar seine Greuelmeldung verbreiten, Nietzsche würde »wie ein Gefangener« gehalten.

Langbehn, der Erzieher, bildete sich schließlich ein, den Kranken durch gutes Zureden heilen zu können, doch als er ihn in philosophischen Fragen belehren wollte, bekam Nietzsche einen Wutanfall, schmiß den Tisch um, lief mit geballten Fäusten aus dem Zimmer und rief nach dem Wärter, damit man diesen anmaßenden Irren aus seiner Nähe entferne.

Langbehn schlich davon und ward nie mehr in Nietzsches Nähe gesehen, was ihn freilich nicht hinderte, alle Welt gegen die »Anstaltstyrannei« aufzuwiegeln und sich um die Vormundschaft für den kranken Philosophen zu bemühen.

An Nietzsches Mutter schrieb Langbehn, daß sich ihr Sohn »in den Händen von Mördern« befinde, und wenn sie »ihren Sohn nicht dem sicheren Untergang weihen« und wenigstens die »Möglichkeit einer Rettung festhalten« wolle, müsse er aus der Anstalt herausgeholt werden.

Schließlich stellte er die geplagte Frau vor die Wahl: »Sie müssen sich zwischen den Professoren und mir entscheiden, ich arbeite so wenig mit den Professoren zusammen wie mit den Juden. Beide sind keine Menschen.«

In Danzig geboren

Der kranke Nietzsche wurde im Laufe des Jahres 1889 auch von seinem Jugendfreund Paul Deussen besucht. Das ganze Ausmaß der Krankheit verkennend, versuchte Deussen, das Gespräch auf einst vertraute Gegenstände zu bringen, zum Beispiel auf Schopenhauer. »Schopenhauer ist in Danzig geboren«, sagte der Kranke in einem Ton, als verkündete er soeben eine tiefgründige Erkenntnis.

Deussen wechselte schnell das Thema und kam auf Spanien zu sprechen, wohin Deussen im Jahr zuvor mit seiner Frau gereist war. Nietzsche wurde lebhaft: »Spanien! Da war auch der Deussen.«

»Aber ich bin ja der Deussen«, sagte der Jugendfreund verzweifelt. Nietzsche schaute ihn verständnislos an. Er hatte wohl noch eine Erinnerung an ihn, aber den vor ihm stehenden Deussen brachte er mit dieser Erinnerung nicht mehr zusammen.

Der Gefahr entronnen

Nietzsches Mutter hatte sich in Jena eine kleine Wohnung genommen, um ihrem Sohn näher zu sein und ihn langsam – durch Spaziergänge zum Beispiel – auf das Leben außerhalb der Klinik vorzubereiten.

Sie holte ihn gegen neun Uhr dreißig ab und brachte ich um 19 Uhr wieder in die Klinik zurück. Während der Spaziergänge wollte Nietzsche möglichst niemanden sehen und grüßen. Franziska Nietzsche wählte deshalb Wege durch weniger belebtes Gebiet.

Einmal, als sie wieder gerade eine menschenleere Straße überquert hatten, schaute sich Nietzsche erleichtert um und sagte: »Wieder einmal der Gefahr entronnen.«

Professor und überarbeitet

Nicht immer ließ es sich vermeiden, auf der Straße anderen Menschen zu begegnen. Einmal trafen sie einen Offizier, der vom Schießstand zurück in die Stadt unterwegs war. Franziska Nietzsche wollte mit ihrem Sohn umkehren, aber diesmal war er nicht dazu zu bewegen. Er schritt auf den Offizier zu und faßte dessen Hand. Franziska bat den Offizier, er möge gute Miene zum verwirrten Spiel machen, was dieser auch tat. »Einst auch Artillerist, jetzt Professor und überarbeitet«, sagte Nietzsche. Der Offizier drückte ihm verständnisvoll die Hand.

Baden um jeden Preis

Besonders die regelmäßigen Bäder, die man Nietzsche verabreichte, behagten dem Kranken. Seit März 1890 war Nietzsche zudem aus der Klinik beurlaubt; Franziska hatte sich eine größere Wohnung gemietet, um ihren Sohn bei sich aufnehmen zu können. Zunächst wollte sie mit ihm in Jena, in der Nähe der Klinik bleiben.

Eines Tages war Friedrich Nietzsche seiner Mutter ausgerissen und wollte auf eigene Faust ins Solbad gehen.

Als er es verschlossen fand, begann er, sich auf der Straße seiner Sachen zu entledigen, und machte Anstalten, in einer Pfütze zu baden.

Dieser Vorfall beschleunigte den Entschluß, nach Naumburg zurückzukehren.

Gottesfürchtige Weiber und ein Landpfarrer

Elisabeth Förster war nach dem Tod ihres Mannes in Paraquay vorübergehend nach Deutschland zurückgekehrt und hatte sich umgehend in die Nachlaßangelegenheiten ihres Bruders eingemischt. Sie erschreckte ihre Mutter, die fromme Pastorenwitwe, mit erschütternden Mitteilungen über den blasphemischen Inhalt von Nietzsches letzten Schriften und bewog sie, die Druckgenehmigung für *Zarathustra* Teil IV, die sie Overbeck und Peter Gast bereits gegeben hatte, unter Berufung auf den zweiten Vormund, ihren Bruder, den Pastor Edmund Oehler, wieder zurückzuziehen.

Peter Gast, von Overbeck über die Eingriffe informiert, reagierte sarkastisch: »Eigentlich ist es zum Kranklachen, zwei gottesfürchtige Weiber und einen Landpfarrer über die Veröffentlichbarkeit von Schriften eines der ausgemachtesten Antichristen und Atheisten zu Gericht sitzen zu sehen. Augenblicklich fehlt mir aber der Humor zum Lachen.«

Am Klavier aufgehoben

Solange seine Mutter lebte, pflegte sie den kranken Friedrich Nietzsche aufopferungsvoll. Sie hatte eine Methode, sich seiner Gegenwart zu vergewissern, auch ohne ständig ein Auge auf ihn haben zu müssen. Bei Besuchen in anderen Häusern führte sie ihren Sohn, der ihr wie ein Kind nachlief, zum Klavier, auf dem sie einige Akkorde spielte, um Friedrich, der auch – zunächst im Stehen – zu spielen begann, schließlich auf den Klavierhocker zu drücken. So gelenkt, phantasierte Friedrich Nietzsche stundenlang auf dem Klavier. Frau Nietzsche konnte sich im Salon ihrem Kaffeeplausch widmen und wußte ihren Sohn aufgehoben, solange sie nur Akkorde hörte.

Kennen tun ihn die Leute nicht

In Naumburg las ein Besucher auf der Suche nach Spuren Friedrich Nietzsches im Adreßbuch den Eintrag »Frau vw.[10] Pastor Nietzsche, Weingarten 18«. Der Besucher fragte den Wirt. Der Wirt antwortete: »Nietzsche? Ach so, das ist der verrückte Professor. Ich hab' ihn mal auf der Straße gesehen. Er ging mit seiner Mutter spazieren. Ein Philologe zeigte ihn mir. Sonst hätt' ich nichts von ihm gewußt. Kennen tun ihn die Leute hier nicht.«

Spurensuche

Eine junge Dame bekundete am Frühstückstisch im christlichen Hospiz zu Zürich gegenüber ihrer Tischnachbarin den Wunsch, in Sils-Maria Nietzsches Wohnräume zu besichtigen, wenn sie auch befürchte, sie möchten ihr bei ihrem kurzen Aufenthalt nicht gleich zugänglich werden.

»Hoffentlich ist seine Spur längst getilgt!« antwortete die Tischnachbarin giftig.

In Sils-Maria ging die junge Dame flugs zum Hotel Zur Alpenrose auf, wo Nietzsche sich bei seinen Aufenthalten einzuquartieren pflegte.

Sie fand auch im Fremdenbuch den Eintrag, mit dem sich Nietzsche im Juni 1884 als »Professor aus Basel« verewigt hatte. Die Dame fragte den Wirt, ob er ihr das Blatt aus dem Fremdenbuch verkaufen wolle. »Nicht um die Welt!« erwiderte der Wirt, der den Wert dieses Fremdenbucheintrags fürs Geschäft längst erkannt hatte.

Ärger mit dem Essen

Der Wirt des Hotels Zur Alpenrose berichtete über die Eßgewohnheiten seines Sommergastes: »Am Esse', do hoat mer's scho glei merke' kenne', wo's mit dem Professor hinauswill. Mei Table d'hôte, die isch schon ganz gewiß güet, aber der Professor hett se do nit ausg'halte!« Zu schwül sei es ihm im großen Saal gewesen, »un es leide ihn nit unter dene viele Mensche, hat er g'secht. Doa hoat er meischt nur ein Beafsteak für sich allein gegesse und sonscht den ganze Tage nur Obscht, schrecklich viel Obscht. Manchen Tag an drei Kilo. Natürlich, dosch kann kei' Mage' vertrage. Dann war er chrank und kam tagelang nicht. Ich habe oft zu ihm gesagt: ›Herr Professor, dasch Obscht macht Ihne chrank.‹ – ›Nein‹, sagt er darauf, ›das Fleisch; Ihr Beafsteak kann ich nicht vertragen.‹«

Unverständnis

Vier Jahre schon lebte Nietzsche in geistiger Umnachtung. Während dieser Zeit versuchte Peter Gast, die unveröffentlichten Arbeiten des Philosophen zu ordnen und seine Schriften herauszugeben.

Zu dieser Zeit kehrte auch Frau Elisabeth Förster nach ihren gescheiterten Kolonialunternehmungen in Südamerika endgültig nach Deutschland zurück und fand ein neues Betätigungsfeld darin, daß sie die Herausgeberschaft und die Leitung des Nietzsche-Archivs an sich riß.

Der bisherige Herausgeber Peter Gast reagierte anfänglich mit äußersten Ingrimm. Und er hatte schließlich auch nicht unrecht, wenn er im November 1893 über Frau Förster abfällig bemerkte: »Wie will denn dieses Weib diesen Nietzsche verstehen?«

Frau Förster hatte indes gar nicht die Absicht, »diesen Nietzsche« zu verstehen, sondern ihr eigenes Verständnis von Philosophie ihrem Bruder überzustülpen und dessen Werk in kursläufiger Münze auszuprägen. Daß ihr schließlich ausgerechnet Peter Gast, den »dieses Weib« im Frühsommer 1894 von jeder Mitarbeit ausgeschlossen hatte, als Münzmeister zur Verfügung stand, gehört zur Ironie seiner Lebensgeschichte.

Barometer

In den Jahren, die Nietzsche in der Obhut seiner Mutter in Naumburg lebte, verschlechterte sich sein Zustand unaufhaltsam, aber er wurde ruhiger, sprach wenig. Nur wenn ihn Kopfschmerzen und

Rückenbeschwerden – besonders bei wechselndem Wetter – plagten, klagte und wimmerte er laut. Unzarte Naturen sagten: »Das Wetter ändert sich, der Professor schreit.«

Entzückend eingerichtet

Im Herbst 1897 sah Peter Gast Nietzsche in Weimar wieder. Nietzsche als Mittelpunkt eines Archivs, das schon den Charakter einer Kultstätte angenommen hatte.

»Das Archiv ist entzückend eingerichtet«, berichtete er. »Nietzsche ruht in ein weißes Flanellkleid gehüllt oben den ganzen Tag auf einem Diwan, nicht übel aussehend, sehr ruhig geworden, einen träumerisch und mit sehr fragendem Blick ansehend.«

Peter Gast ließ sich von Elisabeth Förster überreden, die Herausgeberschaft der Kompositionen und bald auch die Mitherausgeberschaft der Briefe zu übernehmen.

Ein schönes Buch

Manchmal schienen bei Nietzsche die Erinnerungen an seine einstige literarische Existenz wieder aufzuleuchten. So verglich er es mit Büchern, wenn ihm etwas besonders gefiel, schmeckte oder behagte.

Als man ihm einmal ein Stück Torte gereicht hatte, das ihm besonders wohl zu schmecken schien, sagte er: »Das ist ein schönes Buch.«

Beduselt

Von Wilhelm Busch ist bekannt, daß er Artikel über Kunst nur aus psychologischem Interesse an den Kunstkritikern las.

In diesem Zusammenhang äußerte er einmal gesprächsweise: »Wenn man so einen Artikel durchgelesen hat, versteht man am Ende gar nichts mehr; man ist beduselt wie von starkem Wein. Das ist auch der Zweck solcher Schreiber, die in ›anderen Zungen‹ über das reden, was man doch mit der Sprache nicht fassen und nicht erklären kann. Denen ist Nietzsche mit seinem Wortschatz und der Umwertung aller Werte gerade recht gekommen.«

Krasser Egoismus

Ein andermal äußerte sich Wilhelm Busch zu der Art von Begeisterung, mit der die Werke Friedrich Nietzsches aufgenommen wurden: »Das leuchtet den Leuten bei Nietzsche mächtig ein, wenn so der krasse Egoismus begründet wird, noch dazu mit solch blendenden Schlagworten. Sein Ideal ist Napoleon, der Übermensch. Dahinter kommt gleich der Teufel.«

Ein unterhaltliches Wesen

Trotz der erneuten Annäherung konnte Peter Gast für die Allüren der Frau Elisabeth Förster-Nietzsche keine Sympathie gewinnen.

»Sie tut keinen Schritt in die Stadt«, berichtete er im August 1900, »sie fährt nur noch Equipage, mit Kutscher und Diener in Livree auf dem Bock. Sie ist eine reine Hofdame geworden; als unterhaltliches Wesen in aristokratischen und Hofkreisen begehrt.«

Evangelisch, aber antichristlich

Am 25. August 1900 starb Friedrich Nietzsche. Er wurde in Röcken, seinem Geburtsort, beerdigt. Offenbar sah man ihn gar nicht so gern in der geweihten Erde seines Kirchspiels. Denn der schriftführende Pastor konnte sich nicht enthalten, im Kirchenbuch zu vermerken: »In Röcken geboren am 25. Oktober 1844 als Sohn des damaligen Pfarrers Nietzsche, und sonach evangelisch, nach seinen philosophischen Werken aber antichristlich.«

Nachwort oder Die Geburt der Biographie aus dem Geiste der Anekdote

Nietzsche bemerkt irgendwo, mit drei Anekdoten könne man das ganze Bild eines Menschen geben. Er vergaß hinzuzufügen, ob diese drei Anekdoten für Menschliches, Allzumenschliches oder Übermenschliches zu stehen hätten. Wie sieht, anekdotisch betrachtet, Nietzsches Lebensbild aus?

Sein Leben ist unstet, aber ereignisarm. Was sich ereignete, ereignete sich im Kopf und wurde zu Text. Gemeinhin ist das ein sehr unspektakulärer Vorgang, der selbst dadurch kaum an Dramatik gewinnt, daß der Kopf jahrelang an schweren Migräneattacken litt und schließlich der progressiven Paralyse verfiel.

Am 15. Oktober 1844 in Röcken als Sohn eines evangelischen Pfarrers geboren, dürfte der frühe Verlust des Vaters ihn schwerer getroffen haben, als er je zugeben wird. Die Schulzeit in Pforta und die Studienjahre in Bonn und Leipzig sind eigentlich nur darum interessant, weil man sie retrospektiv, gleichsam vom biographischen Endziel her betrachtet. Doch am Ende des Studiums ereignet sich wirklich einmal etwas: Der Vierundzwanzigjährige wird, auf Fürsprache seines Leipziger Lehrers, nach Basel berufen, noch bevor er Gelegenheit hatte, sich die akademischen Weihen auf regulärem Wege zu erwerben. Man muß ihm den Doktorhut gewissermaßen nachwerfen, zum Examen kommt es in Leipzig nicht mehr; schließlich sei Nietzsche ja bereits berufen, und man könne ja wohl keinen Kollegen examinieren. Die Jahre 1869 bis 1878 bekleidet Nietzsche das Baseler Lehramt. Oder bekleidet es ihn, dem es immer unbequemer wird? Krankheit, Enttäuschung übers ruinierte Renommee, Unlust und veränderte Schaffensziele veranlassen ihn schließlich, das Lehramt aufzugeben und im folgenden Jahrzehnt (1879-1888) als freier Philosoph und Schriftsteller abwechselnd in Italien und Sils-Maria im Oberengadin zu leben. Daß ihm das überhaupt möglich war, dazu trug nicht wenig die Großzügigkeit der Stadt Basel und ihrer kleinen Universität bei, die dem Frührentner anstandslos die Pension auszahlten.

Nach dem Zusammenbruch Anfang 1889 in Turin wird Nietzsche die letzten elfeinhalb Jahre seines Lebens in geistiger Umnachtung verbringen. Am 25. August 1900 stirbt er in Weimar. Anekdotenreicher als Nietzsches Leben selbst wäre wahrscheinlich sein geistesgeschichtliches Nachleben. Die Art, wie die gnadenlose Schwester Elisabeth zuerst ihre eigene Rolle vom blöden Lieschen zur ebenbürtigen Geistesgefährtin ihres »geliebten Bruders« zurechtfälscht, um sich dann den nachgelassenen Notizen Nietzsches zuzuwenden und daraus Werke, das Hauptwerk gar, zu kompilieren, entbehrt nicht mancher komischen Pointe.

Wie es den Nationalsozialisten gelingt, aus dem Antinationalisten Nietzsche, dem alles Antisemitische abging und der seinen antisemitischen Schwager Förster mit ziemlichem Recht für einen Volltrottel hielt, zu einem Kronzeugen des Nationalsozialismus zu machen und ihn für ihre diffuse Weltanschauung zu reklamieren, gehört ebenso zum Treppenwitz der Philosophiegeschichte wie die paradoxe Übernahme der nationalsozialistischen Nietzsche-Interpretation durch eine vorgeblich marxistische Philosophiegeschichtsschreibung, für die Nietzsche »prototypisch die radikale Umorientierung der bürgerlichen Philosophie von den Traditionen der bürgerlichen Aufstiegsperiode auf die ideologischen Erfordernisse des neuen Zeitalters« vollzog und dessen »Tendenzen zu Reaktion und Gewalt, Aggression und Barbarei er vorwegnehmend philosophischen Ausdruck verlieh«. In der DDR war der Gegner des Bismarckschen Obrigkeitsstaates ein Staatsfeind schlechthin, gerade weil sich Nietzsche bekanntlich um »ideologische Erfordernisse« überhaupt nicht geschert hatte – und um so mehr, je unverhohlener die DDR-Obrigkeit Bismarck dafür bewunderte, wie er mit seinen politischen Gegnern umsprang.

Man müßte viel Humor aufbringen, um das alles zu schlucken; aber es wäre ein anderes Thema.

Hatte Nietzsche Humor? Es empfahl sich nicht, in seiner Gegenwart Witze zu machen, die auf seine Kosten gingen. Nietzsche zog sich verstimmt zurück, nahm's persönlich und lange übel. Und in manch ausgelassener Gesellschaft ist dem einen oder anderen das Lachen im Halse steckengeblieben, wenn Nietzsche durch die dicken Brillengläser blinzelte und fragte: »Und darüber lachen Sie?«

Nach Auffassung Franz Overbecks, der Nietzsche aus sehr persönlicher Nähe kannte, fehlte ihm nicht der Humor, »wohl aber die Fähigkeit oder doch Leichtigkeit, ihm Leben zu verleihen«. Vor allem fehlte ihm die Gabe, von sich selbst Distanz zu gewinnen, sich »gehen zu lassen«. Alles an ihm war angestrengt, immer nach Beherrschung trachtend, Beherrschung im Doppelsinne desjenigen, der sich nie gehen läßt, der sich immer beherrscht und der gleichzeitig Herrschaft über den Gegenstand gewinnen will, mit dem er sich beschäftigt. So sehr er das erste herausstellte, so sehr blieb ihm das letzte versagt. In Nietzsche begegnet uns ein Mann, der seinen eigenen Anspruch trug wie einen zu großen Anzug. Als Schüler immer eine Spur zu ernst, auf der Schule zu Pforta selbst in gelegentlichen Anwandlungen von Ausgelassenheit so wichtigtuerisch, daß er sich prompt Ärger einhandelte. Früh berufen, wirft er sich unter dem Erwartungsdruck, als Professor auch ja ernst genommen zu werden, in die konservativsten Altherren-Anzüge. Unter dem gleichen Erwartungsdruck wirft er, als Philologe nicht mit der Promotion fertig geworden, ein Werk in den Ring, *Die Geburt der Tragödie aus dem Geiste der Musik*, das von Philologen ziemlich einhellig zerfetzt wird. Prompt zieht er sich auf die Philosophie zurück, ein Anspruch, der ihm durch Philosophen vom Fach, vielleicht nicht ganz ohne Berechtigung, bestritten wird.

Denn seine Philosophie ist, so weit die Gedanken auch reichen, unter all diesen Anstrengungen kurzatmig geworden. Kann nur Aphorismen und Fragmente hervorbringen. Und wenn er kein systematischer Philosoph ist, so ist er doch Künstler – zur Bestürzung seiner musikalischen Freunde versucht er sich an Kompositionen, und was er dithyrambisch in seine lyrischen Pokale gießt, ist auch eher trüber Most als reiner Wein – und wenn man ihm den Künstler nicht abnimmt, sei er wenigstens Religionsstifter, Wiedergeborener, und endlich – auf den Wahnsinnszetteln – »der Gekreuzigte«.

Manche meinen, Nietzsche sei ein Genie gewesen. Geniekult ist oft der Ausweg, der Fluchtweg, die Ausflucht, wenn man nicht zu Rande kommt mit der Beschreibung, worin jemandes bleibende Leistung besteht. Wenn Nietzsche genial war, dann war er es jedenfalls auf eine Art, die unfroh stimmt.

In Wirklichkeit ist er ein Vertreter der Eigentlichkeit. Der Philologe ist eigentlich Philosoph, der Philosoph eigentlich Künstler – in allem ist er eigentlich Dilettant, darin gleicht er dem anderen Dilettanten von Rang, Richard Wagner. Darum auch verehrt er ihn als den Meister, weil er ihm tatsächlich ähnlich ist, und darum bricht er in solchen Haß auf ihn aus, als er das »Verfahren« erkannt hat: Es ist ein gutes Stück Selbsterkenntnis (und Selbsthaß) in dieser Wendung.

Und wie bei Wagner ist es auch bei Nietzsche unmöglich, die Ingredienzen des genialischen Dilettantismus voneinander zu trennen, beispielsweise das Literarische aus dem Philosophischen zu präparieren oder die philosophische Wurzel aus der Philologie zu ziehen. Der andauernde Reiz, den *Die Geburt der Tragödie aus dem Geiste der Musik* auch heute noch auf den Leser ausübt, liegt ja eben nicht darin, daß es Nietzsches – zu Recht umstrittenes – philologisches Grundlagenwerk ist, noch darin, daß es Musik- und Theaterwissenschaft auf eine neue Basis stellte (was es eh nicht tut), und auch der literarische Stil für sich genommen, das eindringlich Narrative, das den Gegenstand der Betrachtung dem Staub der Studierstube entzieht, würde heute wohl nicht mehr als Faszinosum angesehen, wenn da nicht etwas wäre, was die Gesamtheit (fast möchte man sagen: das Gesamtkunstwerk), die mehr ist als nur die Summe ihrer Einzelaspekte, über die Ebene des Fachlichen, rationell zu Bewertenden hinaushebt. Vielleicht ist es der Verweis darauf, daß wir Phänomenen gegenüberstehen, die mit den Werkzeugen der einen oder der anderen Wissenschaft schlechterdings nicht zu erfassen sind, daß Grenzüberschreitungen vollzogen werden müssen, für die auch das Mittel des Spekulativen, ja Künstlerischen gerade recht ist – wenn nur unter allen Umständen der Schlagbaum fällt. Und so sagt, um im Beispiel zu bleiben, die *Geburt der Tragödie* recht wenig über das klassische Athen, aber eine Menge über den Aufbruch der Künste ins 20. Jahrhundert. Nietzsches Philosophie ist ein Philosophieren in Aphorismen und Fragmenten. Eine systematisch aufgebaute Theorie hatte er nicht im Sinn. »Ich mißtraue allen Systematikern und gehe ihnen aus dem Weg. Der Wille zum System ist ein Mangel an Rechtschaffenheit«, schreibt Nietzsche in der *Götzen-Dämmerung*. Und die Systematiker mißtrauten ihm, kann man hinzufügen. Dem System ist der Aphorismus entgegengesetzt: als pointierte Wahrheit ebenso wie als maskierte philosophische Hinterlist, um den Wahrheitsbegriff selbst zu desavouieren. »Der Glaube an die Wahrheit beginnt mit dem Zweifel an allen bis dahin geglaubten Wahrheiten.« Im Aphorismus zielt Nietzsche auf die Pointe, unter Umständen auch um den Preis der Wahrhaftigkeit. So nimmt es nicht Wunder, daß er selbst Gegenstand aphoristischer Betrachtung wurde, die ihn gewissermaßen nur fragmentiert zeigt. Seine Kenntnisse der französischen Literatur, hieß es, wären ein Spiegel des Bestandes der Bahnhofsbuchhandlung von Sils-Maria gewesen. Eine schöne Spitze; nur, daß es in Sils-Maria weder einen Bahnhof noch eine Buchhandlung gab. Aber dennoch zeigt der Aphorismus auf die Richtung des Nietzscheschen Philosophierens; es ist nicht wichtig, ob es in Sils-Maria einen Bahnhof oder eine Buchhandlung gab, so wie es nicht wichtig für Nietzsche war, mehr als

Fragmentiertes aus der französischen Literatur zu kennen, um seine Urteilskraft zur Spitze seines Philosophierens zu erheben.

Indes macht der Aphorismus auch anfällig, scheint er sich doch verschiedenen Deutungsweisen zu öffnen. Man hat viel von der Verführungskraft Nietzsches gesprochen. Außer acht blieb dabei meist der Aspekt, daß vor allem die befugten Staatsphilosophen der Verführung erlagen, Nietzsche nach Kritierien der politischen Opportunität in ihre jeweiligen Weltanschauungssysteme einzupassen.

Wie Nietzsches Philosophie durch den Aphorismus gleichsam fragmentiert aufscheint, so fragmentiert auch die Anekdote Nietzsches Leben. Wie der Aphorismus, so weigert sich auch die Anekdote, Systematik in Nietzsches Biographie zu bringen. Auch die anekdotische Pointe muß die Frage nach der Wahrheit häufig offen lassen, besonders wenn die Anekdote von Nietzsches Schwester Elisabeth überliefert wird – immerhin hat man bei ihr die Gewißheit, daß, wenn sie einen Absatz Ihrer Nietzsche-Biographie mit der Phrase »mein geliebter Bruder« einleitet, sie bereits eine Lüge ausgesprochen und die Absicht hat, eine noch viel dreistere Unwahrheit folgen zu lassen. Auch die Anekdote bleibt ambivalent verschiedenen Deutungen ausgeliefert: Ist sie (absichtsvoll oder unfreiwillig) komisch, erheiternd und erbauend, belehrend und entlarvend, verzerrt überliefert oder einfach nur gut erfunden? Vielleicht vermag die Sammlung von Anekdoten etwas zu liefern, das es zu Nietzsche noch nicht gibt: eine fröhliche Biographie.

Thomas Wieke

1844

15. Oktober: Friedrich Nietzsche wird als Sohn des Pfarrers Karl Ludwig Nietzsche und seiner Frau Franziska, geb. Oehler, in Röcken (preußische Provinz in Sachsen) geboren.

1846

10. Juli: Nietzsches Schwester Elisabeth wird in Röcken geboren.

1849

27. Juli: Nietzsches Vater stirbt nach längerer Krankheit an »Gehirnerweichung«.

1850

Umzug der Mutter mit den beiden Kindern nach Naumburg. Friedrich Nietzsche besucht die Bürgerschule, wird später privat unterrichtet und bezieht schließlich das Gymnasium in Naumburg.

1856

Franziska Nietzsche erwirbt in Naumburg das Haus Im Weingarten 18.

1858

3. Oktober: Friedrich Nietzsche bezieht eine Freistelle an der Landesschule Pforta bei Naumburg.

1864

15. Oktober: Nietzsche belegt Theologie und Philologie an der Universität Bonn; ab Sommer 1865 nur noch Philologie.

1865

17. Oktober: Nietzsche wechselt an die Universität Leipzig, um bei Ritschl Philologie zu studieren.

1866

18. Januar: Nietzsche hält in Leipzig seinen ersten akademischen Vortrag.

1867

Nietzsche tritt seinen Dienst als Einjährig-Freiwilliger als Kanonier bei der berittenen Artillerie an; wegen eines schweren Reitunfalls darf er den Dienst vorzeitig beenden.

1869

April: Friedrich Nietzsche wird zum Professor für klassische Philologie nach Basel berufen. Freundschaft mit Richard Wagner.

1870

Nietzsche bittet um Urlaub von der Universität Basel und meldet sich als Sanitäter im Deutsch-französischen Krieg.

1872

Die Geburt der Tragödie aus dem Geiste der Musik

1873

Unzeitgemäße Betrachtungen: David Strauß. Der Bekenner und der Schriftsteller Ulrich von Wilamowitz-Moellendorff veröffentlicht die gegen Nietzsche gerichtete Schrift *Zukunftsphilologie.*

1874: *Unzeitgemäße Betrachtungen (2): Vom Nutzen und Nachteil der Historie für das Leben; (3): Schopenhauer als Erzieher*

1876

Unzeitgemäße Betrachtungen (4): Richard Wagner in Bayreuth

Nietzsche läßt sich von der Baseler Universitätsbehörde krankheitshalber auf ein Jahr beurlauben.

1878

Menschliches, Allzumenschliches (Erster Band)

Bruch mit Richard Wagner.

1879

Nietzsche gibt seine Professur in Basel auf. Er lebt wechselnd in Sils-Maria und Italien.

1881:

Morgenröte

Nietzsche hört in Genua – hier verbringt er den Winter 81/82 – zum ersten Mal Bizets *Carmen* und ist »erschüttert«.

1882

Die fröhliche Wissenschaft

Beginn der Beziehung zu Lou von Salomé.

1883
Also sprach Zarathustra. Erster und zweiter Teil
Den Winter verbringt Nietzsche in Genua; die Affäre mit Lou von Salomé lebt im Sommer von Sils-Maria von neuem auf.

1884
Also sprach Zarathustra. Dritter Teil
Nietzsche verbringt den Winter in Nizza, das Frühjahr in Venedig und den Sommer in Sils-Maria.

1885
Also sprach Zarathustra. Vierter Teil
Nietzsche verbringt den Winter wieder in Nizza

1886
Jenseits von Gut und Böse; Menschliches, Allzumenschliches, 2. Band
Nietzsche in Nizza und Venedig. Im Frühsommer Besuch in Leipzig, Bruch der Freundschaft mit Rohde.

1887
Zur Genealogie der Moral

1888
Der Fall Wagner; Der Antichrist; Götzen-Dämmerung; Nietzsche contra Wagner; Ecce homo
Nietzsche übersiedelt im Frühjahr nach Turin, verbringt den Sommer in Sils-Maria und kehrt im Herbst nach Turin zurück. Entwürfe für *Der Wille zur Macht.*

1889
3.-7. Januar: Nietzsches Zusammenbruch in Turin. Franz Overbeck bringt Nietzsche in Begleitung des Dentisten Bettmann nach Basel. Nach einwöchiger Beobachtung wird Nietzsche nach Jena verlegt.

1890
13. Mai: Die Mutter übersiedelt mit dem kranken Nietzsche nach Naumburg.

1895
Elisabeth Förster-Nietzsche, aus Paraguay zurückgekehrt,

überredet ihre Mutter, ihr die Verlagsrechte an Nietzsches Werken zu überlassen.

1897:

Franziska Nietzsche stirbt in Naumburg. Nietzsche wird von seiner Schwester in der Villa Silberblick in Weimar untergebracht, wo sie zugleich das Nietzsche-Archiv betreibt, zünftig Dokumente fälscht und Werke umschreibt.

1900:

25. August: Friedrich Nietzsche stirbt in Weimar.
28. August: Beerdigung Nietzsches in Röcken.

Andreas-Salomé, Lou (1861-1937); Schriftstellerin und Emanze. Die Tochter eines Offiziers in russischen Diensten lernte Nietzsche durch Malwida von Meysenbug kennen. Nietzsche machte ihr 1882 zunächst durch Paul Rée, der selbst mit ihr ein Verhältnis hatte, dann persönlich einen Heiratsantrag, den Lou ablehnte. Sie war später die Mentorin und Geliebte Rainer Maria Rilkes.

Bettmann, Leopold (1857-1937); in Frankreich aufgewachsener preußischer Dentist jüdischer Abstammung, der in Italien praktizierte. Er half Overbeck bei der Überführung Nietzsches von Turin nach Basel. Seine Mitwirkung wurde von Overbeck und vom Nietzsche-Archiv später bewußt verschleiert, um der Legendenbildung vom plötzlichen Zusammenbruch des kerngesunden Nietzsche Vorschub zu leisten.

Binswanger, Otto (1852-1929); Professor für Psychiatrie in Jena, Leiter der Landesirrenanstalt von 1882 bis 1919. Binswangers Interesse galt besonders der progressiven Paralyse und deren Abgrenzbarkeit von anderen klinisch sich ähnlich manifestierenden Krankheitserscheinungen; in seinen Lehrveranstaltungen führte er daher auch den »Fall Nietzsche« vor.

Brahms, Johannes (1833-1897); Komponist, befreundet mit Joseph Joachim, Robert und besonders Clara Schumann. Das *Triumphlied* für 8stimmigen Chor, Bariton-Solo und Orchester entstand 1870/71.

Brandes, Georg (1842-1927); dänischer Philosoph und Schriftsteller, lebte 1877-83 in Berlin, hielt 1888 als erster Vorlesungen über Nietzsche, dessen Denken ihn stark beeinflußte.

Brockhaus, Hermann (1806-1877); Orientalist und Mitbegründer der Deutschen Morgenländischen Gesellschaft, seit 1841 Professor in Leipzig, war mit Richard Wagners Schwester Ottilie verheiratet. Bei Brockhaus fand die erste Begegnung zwischen Richard Wagner und Friedrich Nietzsche statt.

Bülow, Hans von (1830-1894); Dirigent und Komponist, Freund Richard Wagners, von diesem schamlos ausgenutzt und gehörnst. Bülow fertigte den ersten Klavierauszug von Wagners *Tristan* an und leitete die Uraufführungen von *Tristan und Isolde* (1865) und *Die Meistersinger von Nürnberg* (1868). Bülows Rache an Wagner war subtil; er dirigierte später überwiegend Brahms.

Burckhardt, Jacob (1818-1897), Historiker in Basel, gilt als Begründer der Kulturwissenschaft als selbständiger Disziplin (Ordinarius für Geschichte und Kunstgeschichte seit 1858). Nietzsches Annäherungsversuchen begegnete er reserviert.

Busch, Wilhelm (1832-1908); Humorist, Dichter und Zeichner.

Deussen, Paul (1845-1919); Philosoph und Indologe, Freund Nietzsches seit der Schulzeit in Schulpforta, Kommilitone in Bonn und Bundesbruder in der *Franconia*. Ab 1889 Professor für Philosphie in Kiel, war Deussen Begründer und Vorsitzender der Schopenhauer-Gesellschaft.

Eucken, Rudolf (1846-1926); Philosoph, war 1871-74 ebenfalls Professor in Basel, danach in Jena. Eucken wird mit seinen idealistischen Auffassungen der sogenannten Lebensphilosophie zugerechnet. 1908 bekam er den Nobelpreis für Literatur.

Fino, Davido; Nietzsches Hauswirt in Turin; überließ dem verwirrten Philosophen seine Nachtmütze.

Förster, Bernhard (1843-1889); Gymnasiallehrer, Wagnerianer, Antivivisektionist, Vegetarier und führender Antisemit mit dem zweifelhaften Verdienst, Bismarck die erste (mit 267000 Unterschriften versehene) Petition gegen die Einwanderung von Juden überreicht zu haben, wegen antisemitischen Pöbeleien in der Straßenbahn und Wirtshausschlägereien disziplinarisch abgemahnt, setzte seit 1883 systematisch und kenntnislos ihm anvertraute Gelder in den Sumpf Paraguays, wo er 600 Quadratmeilen die Kolonie »Neugermanien« zu gründen beabsichtigte.

Förster-Nietzsche, Elisabeth (1846-1935); Schwester Friedrich Nietzsches, seit 1885 verheiratet mit Bernhard Förster, nach dem Scheitern eines obskuren Kolonialprojekts in Paraguay

Biographin und Nachlaßverwalterin ihres Bruders, Begründerin des Nietzsche-Archivs.

Freund, Robert (1852-1936); Pianist; lebte 1875-1912 als Konzertpianist und Klavierlehrer in Zürich, wo er mit Nietzsche 1883 Bekanntschaft schloß.

Frohschammer, Jakob (1821-1893); Philosoph und Theologe, seit 1855 Professor für Philosophie in München, wegen seiner vom offiziellen Katholizismus abweichenden Lehrmeinung suspendiert. Sein Hauptwerk war *Die Phantasie als Grundprinzip des Weltprozesses* (1877).

Gast, Peter; eigtl. Johann Heinrich Köselitz, (1854-1918); Komponist, Schüler und Freund Nietzsches; als Komponist erfolglos, unterwarf er sich nach Nietzsches Tod Elisabeth Förster-Nietzsche und arbeitete 1900-1908 im Nietzsche-Archiv.

Gerlach, Franz Dorotheus (1793-1876); Professor für Latein in Basel, 1819-1875 auch Lehrer am Pädagogium und Kollege Nietzsches.

Gersdorff, Carl von (1844-1904); Nietzsches Freund aus der Schulzeit in Pforta und zeitweiliger Diätberater.

Gluck, Christoph Willibald (1714-1787); Komponist, wirkte in Wien, Mailand, London und Paris, schrieb seit 1774 eine Reihe erfolgreicher, an der klassischen französischen Tragödie orientierter Opern, die ihn in Gegensatz zur neapolitanischen Schule von Niccolo Piccini brachten.

Hegar, Friedrich (1841-1927); Schweizer Komponist und Dirigent, die seinerzeit maßgebliche Persönlichkeit des Schweizer Musiklebens, dirigierte von 1865-1906 die Abonnementskonzerte und von 1868-1906 das Tonhallenorchester in Zürich, wo er 1876 auch eine Musikschule gründete.

Heyne, Moritz (1837-1906); Germanist, von 1870-1883 Professor in Basel, bis 1878 auch Lehrer am Pädagogium, seit 1883 Professor in Göttingen, Mitarbeiter am Grimmschen Wörterbuch.

Kaftan, Julius (1848-1926); evangelischer Theologe und seit 1873 Privatdozent, später Professor in Basel.

Keller, Gottfried (1819-1890); schweizerischer Schriftsteller, Lyriker, mit Storm und Heyse brieflich, mit Arnold Böcklin persönlich befreundet.

Kelterborn, Louis (1853-1910); Schriftsteller, Wagnerianer, war als Schüler am Pädagogium und als Student an der Universität Basel Schüler Nietzsches, fertigte u.a. eine umfangreiche Nachschrift seiner Vorlesungen an.

Klindworth, Karl (1830-1916); Pianist und Kapellmeister, Schüler von Franz Liszt. Seit seiner Begegnung mit Wagner befand sich Klindworth in künstlerischer Abhängigkeit von ihm. War Professor in Moskau und übersiedelte 1884 nach Berlin, wo er eine bedeutende Klavierschule gründete. Bis heute ist er dadurch bekannt, daß er die Klavierauszüge zu sämtlichen Wagner-Opern verfaßte.

Krug, Gustav (1843-1902); Jugendfreund Nietzsches aus der Zeit am Naumburger Gymnasium und in Schulpforta.

Langbehn, Julius (1851-1907); Schriftsteller, bekannt durch »spermafeuchte Liebeslyrik« und wegen seiner Schrift *Rembrandt als Erzieher* auch der »Rembrandtdeutsche« genannt, versuchte von 1890 an zwei Jahre lang, die Vormundschaft über den geisteskranken Nietzsche zu bekommen.

Liszt, Franz (1811-1886); Komponist, Dirigent, Vater von Cosima v. Bülow, wurde durch sie Schwiegervater des zwei Jahre jüngeren Richard Wagner. Schrieb viele Klavierwerke, schuf die Gattung sinfonische Dichtungen undschrieb Kirchenkompositionen. Empfing 1865 in Rom die niederen Priesterweihen.

Meysenbug, Malwida Freiherrin von (1816-1903); Schriftstellerin, Wagnerianerin und Nietzsche-Verehrerin. Seit 1872 weilte sie mehrfach im Hause Wagners; bei einer dieser Gelegenheiten lernte sie Nietzsche kennen. Sie kümmerte sich um Nietzsche während des gemeinsamen Aufenthalts in Sorrent 1876/77.

Nietzsche, Ludwig (1813-1849);Pfarrer in Röcken bei Lützen, Vater Friedrich Nietzsches, soll nach einjähriger Krankheit an »Gehirnerweichung« gestorben sein.

Overbeck, Franz (1837-1905); Theologe, 1870-97 Professor für evangelische Theologie in Basel, einer der engsten Freunde Nietzsches; vor dessen Zusammenbruch, als Nietzsche mit allen Freunden und Bekannten gebrochen hatte, hielt er einzig über Overbeck den Kontakt zur Außenwelt aufrecht. Overbeck wiederum regelte die Geldangelegenheiten Nietzsches.

Overbeck, Ida (1848-1933); geb. Rothpelz, seit 1876 mit dem Nietzsche Freund Franz Overbeck verheiratet, schrieb im Gegensatz zu ihrem Mann eine klare, auch heute noch verständliche Prosa, bekam aber keine Professur.

Pedro II. (1825-1891); Kaiser von Brasilien 1831-1889, förderte Wirtschaft und Wissenschaft, suchte europäische Errungenschaften in Brasilien zu verbreiten. Sein eigentliches Interesse galt Philosophie und Kunst. Als er 1888 die Sklaverei entschädigungslos aufhob, machten die einflußreichen Kaffeepflanzer gegen ihn mobil. 1889 wurde er durch einen Militärputsch gestürzt.

Piccini, Niccolo (1728-1800); Opernkomponist, wirkte in Italien und Paris, letzter Vertreter der sog. neapolitanischen Schule, schrieb über 120 Opern.

Pinder, Wilhelm; Jugendfreund Nietzsches aus der Zeit am Naumburger Gymnasium und in Schulpforta.

Rée, Paul (1849-1901); Philosoph, übte auf Nietzsche zur Zeit von *Menschliches, Allzumenschliches* beträchtlichen Einfluß aus, den Nietzsche jedoch stets leugnete. Rée hingegen bekannte sich zu Nietzsches Wirkung auf ihn.

Richter, Hans (1843-1916); Dirigent, seit 1867 Chordirektor an der Münchner Hofoper, später Dirigent in Pest, Wien und London. Richter leitete 1876 die erste Gesamtaufführung von Wagners *Ring des Nibelungen* in Bayreuth und war seitdem ständiger Dirigent der Festspiele.

Ritschl, Friedrich Wilhelm (1806-1876); Professor für klassische Philologie in Bonn, später in Leipzig; auf seine Empfehlung kam Nietzsche ins Lehramt nach Basel.

Rohde, Erwin (geb. 1845); Jugendfreund Nietzsches aus Leipziger Studententagen.

Salis, Meta von (1855-1929); Schriftstellerin, Frauenrechtlerin, war seit 1884 mit Nietzsche bekannt. Ihr gehörte die *Villa Silberblick* in Weimar, in der seit 1897 das sog. Nietzsche-Archiv eingerichtet wurde.

Schuster, Eduard (1858-1935), Pfarrer und Seminardirektor, war 1876 Schüler Nietzsches.

Seydlitz, Reinhardt von (1850-1931); Schriftsteller und Maler. Traf zwischen 1876 und 1885 mehrfach mit Nietzsche zusammen.

Strauß, David Friedrich (1808-1874); Philosoph, Anhänger Hegels, verlor wegen seines Hauptwerks *Das Leben Jesu* (1835) sein Lehramt in Tübingen, mutierte später vom Junghegelianer zum Anhänger Bismarcks.

Strindberg, August (1849-1912); schwedischer Dramatiker, Schriftsteller. Seine Theaterstücke, Romane und Novellen begründeten die moderne schwedische Literatur und verschafften ihr gleichzeitig Weltgeltung.

Treitschke, Heinrich von (1834-1896); Historiker und Publizist. Obwohl in Dresden geboren, wurde er Preußens Hof- und Staats-Historiograph, trat für die deutsche Einigung unter Preußens Führung ein und schwärmte für einen starken Staat. Nietzsche konnte er nicht leiden. Seine Freundschaft mit Overbeck, die seit 1859 währte, ging darob in die Brüche.

Wagner, Cosima (1837-1930); Tochter Franz Liszts, mit dem Dirigenten Hans von Bülow verheiratet, den sie nach besten Kräften – u.a. mit Richard Wagner – betrog, wonach sie sich mit letzterem verband und als »Hohe Frau« den Wagner-Kult zu Bayreuth zelebrierte.

Wagner, Richard (1813-1883); Komponist, lernte Nietzsche Ende 1868 im Hause des Leipziger Professors Brockhaus kennen. Die – positive wie negative – Bezogenheit auf Werk und Denken Richard Wagners ist für Nietzsches Anschauungen essentiell geworden.

Bernoulli, Carl Albrecht: Franz Overbeck und Friedrich Nietzsche. Eine Freundschaft, 2 Bde., Jena 1908.

Blunck, Richard: Friedrich Nietzsche. Kindheit und Jugend, München / Basel 1953.

Borchmeyer, Dieter / Salaquarda, Jörg (Hrsg.): Nietzsche und Wagner. Stationen einer Begegnung, 2 Bde., Frankfurt a.M. und Leipzig 1994.

Deussen, Paul: Erinnerungen an Friedrich Nietzsche, Leipzig 1901.

Gilman, Sander L. (Hrsg.): Begegnungen mit Nietzsche, Bonn 1981.

Gregor-Dellin, Martin: Richard Wagner. Sein Leben, sein Werk, sein Jahrhundert, München 1980.

Gutzwiller, Hans: Friedrich Nietzsches Lehrtätigkeit am Baseler Pädagogium, in: Basler Zeitschrift für Geschichte und Altertumskunde (50), Basel 1951, S. 147-224.

Mayer, Hans: Richard Wagner. Mitwelt und Nachwelt, Stuttgart, Zürich 1978.

Nehamas, Alexander: Nietzsche. Leben als Literatur, Göttingen 1991.

Peters, H.F.: Zarathustras Schwester. Fritz und Lieschen Nietzsche – ein deutsches Trauerspiel, München 1983.

Podach, Erich F.: Gestalten um Nietzsche, Weimar 1932.

Vogel, Martin: Nietzsche und Wagner. Ein deutsches Lesebuch, Bonn 1984.

Volz, Pia Daniela: Nietzsche im Labyrinth seiner Krankheit, Würzburg 1990.

Würzbach, Friedrich: Nietzsche. Sein Leben in Selbstzeugnissen, Briefen und Berichten, Berlin 1942.

Verrecchia, Anacleto: Zarathustras Ende, Wien, Köln, Graz 1986.

Anmerkungen

[1] philologischer Fachterminus: verdorbene oder unklare Textstelle

[2] philologischer Fachterminus: die wahrscheinlichste Lesart, auch Textverbesserung bei zweifelhafter Überlieferung

[3] Das Pädagogium in Basel war eine 1817 gegründete Studienanstalt, die zum Ziel hatte, die aus dem sechsklassigen Gymnasium entlassenen Schüler auf den Besuch der Universität vorzubereiten. Es umfaßte drei Klassen in den Altersstufen 15 bis 18.

[4] Analysen

[5] hier: Aufsichtsbehörde

[6] nach dem schottischen Straßenbauexperten John Loudon McAdam (1756-1836) benannte Herstellung der Fahrbahndecke, deren Tragschichten aus mehreren verdichteten Lagen feinen Schotters bestanden

[7] die Baumannshöhle ist eine bekannte naturhistorische Sehenswürdigkeit im Harz

[8] Rühr-mich-nicht-an

[9] in München erscheinende satirische Zeitschrift

[10] verwitwete